「読む」技術

速読・精読・味読の力をつける

石黒圭

光文社新書

目次

序章　なぜ「読む」技術を鍛えるのか 11
言語運用能力の重要性 12
四技能と「読む」能力 13
「読む」技術が必要なわけ 15
本書の構成 17
第一部　読みの理論 19
第一章　「読む」ということ 20
読みのプロセスの四段階 20
ボトムアップ処理 23
トップダウン処理 29
統合的理解モデル 32
速読・平読・精読 34

第二章 「読む」技術の多様性——36
スキャニング 36
スキミング 39
記憶 42
熟読 44
味読 47
読解ストラテジー 48

第二部 速読——速く効率的に読む技術——55

第三章 話題ストラテジー 知識で理解を加速する力——56
スキーマとは何か 56
スキーマの働かない文章 61
複数のスキーマが働く文章 64

スキーマが一貫しない文章　69
スキーマの準備　70
徐々に見えてくるスキーマ　73
◎「話題ストラテジー」のポイント　76

第四章　取捨選択ストラテジー　要点を的確に見ぬく力――77
重要情報の取捨選択　77
漢字を利用した情報の取捨選択　78
段落を利用した情報の取捨選択　80
文頭を利用した情報の取捨選択　85
文末を利用した情報の取捨選択　90
◎「取捨選択ストラテジー」のポイント　94

第三部　味読――文章世界に自然に入りこむ技術――95

第五章　視覚化ストラテジー　映像を鮮明に思い描く力――96
視覚に訴える文章　96
視点の存在　99
視座と注視点　102
視野と視線　105
視点とカメラワーク　107
一人称視点と三人称視点　115
◎「視覚化ストラテジー」のポイント　119
第六章　予測ストラテジー　次の展開にドキドキする力――120
予測とは何か　120
関係の予測と内容の予測　122
謎解きと予測　127
展開と予測　134
予測とレトリック　142

◎「予測ストラテジー」のポイント 147
第七章 文脈ストラテジー 表現を滑らかに紡いで読む力――148
文脈の力 148
現場文脈・記憶文脈・言語文脈 150
形態と意味の非対称性 151
結束性の把握 159
一貫性の把握 163
◎「文脈ストラテジー」のポイント 169
第四部 精読――深く多面的に読む技術――171
第八章 行間ストラテジー 隠れた意味を読み解く力――172
行間と推論 172
橋渡し推論 175

精緻化推論　182
理由を考える　186
例を挙げる　188
筆者の表現意図を読む　191
感情移入　197
批判的談話分析　201
◎「行間ストラテジー」のポイント　205

第九章　解釈ストラテジー　文に新たな価値を付与する力――206

解釈の柔軟性　206
寓喩と寓話　208
暗黙の前提を疑う　213
創造的に読む　219
別の言葉に置き換える　224
解釈を止める　226

◎「解釈ストラテジー」のポイント　229

第十章　記憶ストラテジー　情報を脳内に定着させる力――230

記憶ストラテジーとは　230
反復読み　231
音読　238
換言と要約　244
文章との対話　250
◎「記憶ストラテジー」のポイント　257

主要参考文献　258

おわりに　260

序章　なぜ「読む」技術を鍛えるのか

言語運用能力の重要性

私たち人間の創造力の基盤は言語です。人間は、言語で思考し、言語でその考えを発信します。映像にはインパクトはありますが、複雑な思考を伝える力はありません。最新のニュースを伝える報道も、画期的な発見を伝える論文も、巨万の富を生みだすビジネス上のアイデアも、すべて言語をとおして伝達されます。科学技術がどんなに進んだ社会であっても、**人間の創造力はつねに、高度な言語運用能力から生まれます。**そこで、現代人は、そのための投資を惜しみません。

高額な投資をしてでも身につけたい言語運用能力というと、第二言語である外国語、とくに英語を考える方が多いでしょう。しかし、本書で強調したいのは、**言語運用能力の基盤となるのは、本書を手にした方の大多数の第一言語である日本語だ**ということです。

英語を始めとする第二言語（いわゆる外国語）の習得は、母語である第一言語の習得のさいに構築した言語世界を転移させる形で起こります。ですから、第一言語でしっかりした土台を作っておかないと、せっかく第二言語を学んでも高度な運用能力は身につきません。いくら早期に英語教育を始めても、日本語の運用能力を鍛えておかないと、日本語のせいで英語が頭打ちになるという事態が起こりうるのです。

私のまわりには日本語が上手な留学生が数多くいます。大学から日本語を学びはじめたにもかかわらず、研究上の日本語の運用能力においては、並みの日本人をはるかに上回る学生も少なくありません。それは、第一言語の運用能力がずば抜けて高いからです。日本語で研究能力が高い人は、何語でも研究能力が高くなる可能性を備えているのです。

日本語が読める方を対象とした本書では、日本語の運用能力を高めることをまず念頭に置きたいと思います。そして、本書で焦点を当てるのは、**「読む」**という行為です。

四技能と「読む」能力

言語の学習には、「読む」「書く」「聞く」「話す」という四つの技能があると言われます。しかし、「読む」という技能は、他の三つの技能よりも軽んじられる傾向があります。「書く」というのは、四技能のなかでもっともレベルの高い技能だと考えられています。「書く」という行為は自然に身につくものではありませんし、目のまえにいない他者に、内容をわかるように伝えるのは、かなり難しい行為だからです。

「話す」というのは自然に身につく技能ではありますが、それはあくまで日常生活での話です。不特定多数をまえにして、飽きさせずに話しつづけるのには技術が必要です。プレゼンテーションやスピーチ、講義や講演などは熟練が必要な特殊技能であり、しばしば研修をとおして学びます。また、社会性のあるあらたまった会話、つまり敬語を使った会話もまた訓練が必要なものです。

「聞く」という技能は、「書く」「話す」という表現系の技能よりは注目を浴びることは少ないのですが、「聞き上手」「聞き下手」という言葉もあるように、巧拙がはっきり現れるものです。インタビュアーやカウンセラーのように聞くことを専門にしている職業もあるくらい、充分なトレーニングが必要な技術です。また、昨今注目を浴びた上手なノートの取り方もまた、優れた聞く技術を前提としています。

そうした「書く」「話す」「聞く」にくらべて、「読む」という行為は、漢字と語彙《ごい》がわかれば自然に読めると思われているせいか、あまりトレーニングが必要とされていないように思われます。

しかし、現実の生活を振り返るとどうでしょう。それぞれの置かれた環境にもよりますが、「読む」という活動に割《さ》く時間が、他の三つにくらべて圧倒的に多いのではないでしょうか。学生であれば教科書や参考書、社会人であれば報告書やレポート、空き時間のメールのチェックや移動時間中の新聞・雑誌による情報収集、そして休日の趣味の読書など、**四技能のう**

ち、**「読む」という活動に極端に偏っている**ことに気づく人も少なくないはずです。

「読む」技術が必要なわけ

「『読む』のに技術が必要か」という問いにたいして、本書の答えはもちろん「必要だ」です。しかし、なぜ「読む」のに技術が必要なのでしょうか。

それは、**「読む」という行為には、目的におうじた数多くの種類があるから**です。声に出して読む「**音読**」、声に出さずに読む「**黙読**」、早く読んで要点をつかむ「**速読**」、ゆっくり読んで深く理解する「**精読**」などはすでにご存じでしょう。「音読」「黙読」「速読」「精読」以外にも読み方はたくさんあり、人によっても読み方が違います。書いたものに現れる個性は「文体」と呼ばれ、よく知られていますが、読むときにも「**読体**《どくたい》」というそれぞれの人の個性があります。「文体」と違って目に見える形にならないので気づかれにくいのですが、それぞれの人の性格や背景におうじた読みの偏りは確実に存在します。「読む」技術を向上させるには、無意識のうちに身についた自分自身の読み方の癖の姿を知らなければなりません。本書は、**自分なりの読み方、「読体」を対象化し改善する**目的を持っています。

ここまで書くと、自分の思うとおりに文章を読んではいけないのか。そうした疑問をお持ちになる方もいるかもしれません。

もちろん、思うとおりに読んでかまいません。しかし、一通りの読み方しか知らないと、その人は、文章に込められた豊かな内容を享受しそこねてしまいます。**「読む」ということは、文章に多様な意味を見いだす行為であり、人間の創造力の基盤となる行為である**からです。

「読む」という活動は他の三技能にくらべて注目を浴びることが少ないと先ほど書きましたが、じつは一つだけ例外があります。それは、速読という分野です。情報処理能力を高めることは、多忙な現代人にとって欠かせない技術です。

速読の重要性は言うまでもありませんし、本書でもきちんと取りあげる予定です。ですが、速読の技術だけが脚光を浴びている現状は望ましくありません。先ほど述べたように、「読む」という行為は、創造的な活動に結びつく行為であり、「これは」と思った本と出会ったとき、丹念に読みこみ、明日の自分への糧《かて》とすることも、速読と同じくらい、いやそれ以上に重要なのです。しかし、**速読に技術が必要なように、精読にも技術が必要である**ことはあまり知られてはいません。本書では「読む」技術を幅広く紹介したいと考えています。

読書という行為は、目的にあわせて読み方を柔軟に変えることが大切です。迅速に処理しなければならない文書は速く読む。創造的なアイデアを生む可能性のある良書はじっくり読む。趣味として読む読書は時間を気にせず自由に読む。読み方の引き出しを増やすことが読書を楽しく意義のある行為にします。本書は、そうした**読み方の引き出しを増やす**ことを目的とした本です。

本書の構成

本書は四部構成になっています。第一部は「読みの理論」です。読むという行為はこれまでどのように考えられてきたか、その理論的背景を探ります。第二部は「速読」です。時間に追われている人が、仕事や学びの現場で速く効率的に読める方法を考えます。第三部は「味読」です。読書を心から楽しみたいと思っている人が、文章の世界に自然に入りこんでいける方法を考えます。第四部は「精読」です。創造性の高い仕事に携わる人が、新たな着想を得るために深く多面的に読める方法を考えます。

このように、「読む」という行為を四つの側面から捉えることをとおして、今まで漠然と考えてきた「読む」という行為に具体的なイメージを持ち、それを実際の読書のさいに生かしていただければ、筆者としてそれに勝る喜びはありません。

第一部　読みの理論

第一章　「読む」ということ

読みのプロセスの四段階

読む技術を高め、優れた読み手になることを目指すためには、まず、読むという行為がどのようにしておこなわれているのかを知らなければなりません。読むという行為は私たちの頭のなかであまりにも速いスピードでおこなわれているため、意識することは難しいのですが、次の四つの活動が循環的なプロセスとしてくり返し起こっていると考えられます。

第一段階の「**画像取得活動**」というのは、文字列を脳内に取りこむ活動のことです。白い紙に印刷された黒い文字を画像として取りこまないと、私たちの読解活動は開始しません。読む材料があって初めて読解活動は成立します。

第二段階の「**文字認識活動**」というのは、画像として脳内に取りこまれた文字を、文字として認識する活動です。私たちが知らない文字に出会うと、思考が停止して読解活動が進みません。「文字認識活動」ができないからです。仮名や漢字をまったく知らない外国人が日本語を見たときのことを想像してみれば、すぐにわかるでしょう。

画像取得活動 → 文字認識活動 → 意味変換活動 → 内容構成活動

図・読みのプロセスの4段階

ＯＣＲソフトをご存じでしょうか。活字になった文章をコンピュータに取りこんで加工したいとき、スキャナで画像を取りこむだけでは使い物にはなりません。画像は文字ではないからです。スキャナで取りこんだ画像をＯＣＲソフトで文字列として認識できる形にして初めて、ワープロソフトで加工できるようになります。人間の頭のなかにも、自分の知っている言語の文字にかんしては、このＯＣＲソフトの機能が備わっているわけです。

第三段階の「**意味変換活動**」というのは、文字列を意味に変換する活動です。ここでは、脳内の辞書と文法が活躍します。日本語ではあまり意識しませんが、外国語、たとえば英語を読むときには言葉の意味と文法がわかることとの重要性を痛感します。二六文字のアルファベットがわかったからといって、英語が読めるようになるわけではありません。アルファベットがわかっても、できるのは「文字認識活動」までです。英語が読めるようになるためには語彙と文法がわからなければダメなのです。

第四段階の「**内容構成活動**」というのは、脳内の辞書と文法によって意味に変換した文字列を、すでに私たちの頭のなかにある知識やその場の状況（あるいは文脈）と結びつけ、実感をともなうイメージを構成する活動のことです。「古池や蛙飛びこむ水の音」という文字列は、古池に飛びこむ蛙の映像が目に浮かび、「ポチャン」という音が耳に聞こえてきて初めて理解できたといえます。「意味変換活動」では、古い池があること、そこに蛙が飛びこむこと、飛びこんだときに水の音がしたこと、その三つが明らかになるだけです。コンピューターでなく人間が実感を持って文字列を理解するさいには、この「内容構成活動」が不可欠になります。

ボトムアップ処理

さて、一般の読書術、とくに速読術の本では、「画像取得活動」と「文字認識活動」に焦点を当て、そこをトレーニングすることが多いようです。しかし、本書では「意味変換活動」と「内容構成活動」に焦点を当てていきたいと考えています。人間が文章を読むことの意義は、意味を見いだすところにあります。**文字列に意味を見いだす能力を高めることが、読む技術の習得への一番の近道**だと考えるからです。

「意味変換活動」は、心理学や人工知能研究で「**ボトムアップ処理**」または「**データ駆動型処理**」と呼ばれるものとほぼ重なります。文字列を要素の組み合わせととらえ、文法という一定の規則に従って意味を見いだす活動、それがボトムアップ処理です。

ボトムアップ処理で欠かせないのが、脳内の辞書と文法です。当然のことながら、個々の語の意味や文法がわからないことは、理解の大きな障害になります。まず、理解における語の意味の重要性を次の文章で確かめてみましょう。

〇〇で有名な〇〇に〇〇がある。私はその落ち着いた雰囲気が好きで、〇〇に行ったさいは、かならず立ち寄ることにしている。〇〇のなかにひっそりとたたずむ〇〇は、〇〇のしゃれた〇〇で、広い〇〇と〇〇の咲く〇〇がある。〇〇からは、眼下に広がる〇〇を眺めることができる。

「〇〇」だらけで内容がわからなかったことと思います。これが、個々の語の意味がわからないつらさです。ふだんはあまり感じることはありませんが、自分の専門外の文章を読むとき、外国語を読むときにはこの感覚を思いだすことがあります。原文は、次の通りです。

大仏で有名な長谷に鎌倉文学館がある。私はその落ち着いた雰囲気が好きで、鎌倉に行ったさいは、かならず立ち寄ることにしている。緑のなかにひっそりとたたずむ洋館は、アールデコ調のしゃれた建物で、広い芝生とバラの咲く庭園がある。テラスからは、眼下に広がる相模湾を眺めることができる。

伏せ字にされていた部分の情報がすべて示され、具体性あふれる文章になったことで、鎌倉文学館の視覚的なイメージが目のまえにパッと広がったような印象が生まれます。

つぎに、文法力の重要性も見ておきましょう。文法力も語彙力と同じくらい重要です。読むときの文法は、要素間の修飾・被修飾の関係を見ぬくことがおもな役割です。「オードリー・ヘプバーンは女性の憧れである」と「オードリー・ヘプバーンは憧れの女性である」では意味が異なります。前者は女性一般の憧れの的の意味ですが、後者は個人的な憧れであり、女性だけでなく男性が憧れることも可能です。第一言語の場合、文法処理は無意識におこなれるのでわかりにくいのですが、複雑な構造の文を読むと、文法の存在を意識化できるようになります。

ためしに次の文章を読んでみましょう。

東京にほど近く、明治・大正期は保養地として栄え、夏目漱石・芥川龍之介ら著名な作家が数多く訪れ、昭和に入ると、川端康成や大佛《おさらぎ》次郎らの文士が居住し、たがいに交流をしていた鎌倉は、文学の町であった。戦後民主主義の新しい息吹のなかで各界の一流の学者や芸術家が講師を務め、山口瞳やいずみたく、鈴木清順らの文化人を育てた鎌倉アカデミアという市民大学が戦後まもなく誕生したように、鎌倉は文化の町でもあった。そうした鎌倉の伝統を受け継ぎ、近代文学関係の重要な資料を多数展示しているのが、鎌倉文学館である。

読みおわって初めて、「なんだ、先ほどの文章の続きか」と思われたことでしょう。もしこの文章を通してもう一度読めば、二度めのほうが一度めよりも読みやすくなることがわかります。それは、この文章が、ボトムアップ処理で読むと、やや読みにくいように作ってあるからです。

第一文を読むと、「東京にほど近」いのも、「保養地として栄え」たのも、「著名な作家が数多く訪れ」たのも、「文士が居住し、たがいに交流をしていた」のも、すべて「鎌倉」です。つまり、「鎌倉」という名詞にかかる連体修飾節ばかりが並び、中心的な情報である「鎌倉」が遅れて示されたことで、理解が難しくなっていたわけです。

また、第二文も、何の話題かわからないまま、読み手は読みすすめなければなりません。長い連体修飾節を経て、「鎌倉アカデミアという市民大学」という語に出会って初めて文の話題がわかります。

そして、第三文も、「そうした鎌倉の伝統を受け継ぎ、近代文学関係の重要な資料を多数展示しているのが」までは核となる情報が秘匿されています。「鎌倉文学館である」という述語を見て初めて文章全体が一貫性を持つのです。

このように、**話題がはっきりしない文章では、文法力を駆使して、文章に寄りそって一文一文丁寧に読み、要素から意味を組みあげていく必要があります。**こうした読み方はボトムアップ処理を重視した読み方と見ることができるでしょう。かりにこの文章が、重要な話題を先に示す次のような構造になっていれば、多少粗《あら》いボトムアップ処理でも内容がスッと頭に入るはずです。

> 鎌倉は、文学の町である。東京にほど近く、明治・大正期は保養地として栄え、夏目漱石・芥川龍之介ら著名な作家が数多く訪れ、昭和に入ると、川端康成や大佛次郎らの文士が居住し、たがいに交流をしていた。鎌倉はまた、文化の町でもある。鎌倉アカデミアという市民大学が戦後まもなく誕生し、戦後民主主義の新しい息吹のなかで各界の一流の学者や芸術家が講師を務め、山口瞳やいずみたく、鈴木清順らの文化人を育てた。鎌倉文学館は、そうした鎌倉の伝統を受け継ぎ、近代文学関係の重要な資料を多数展示している。

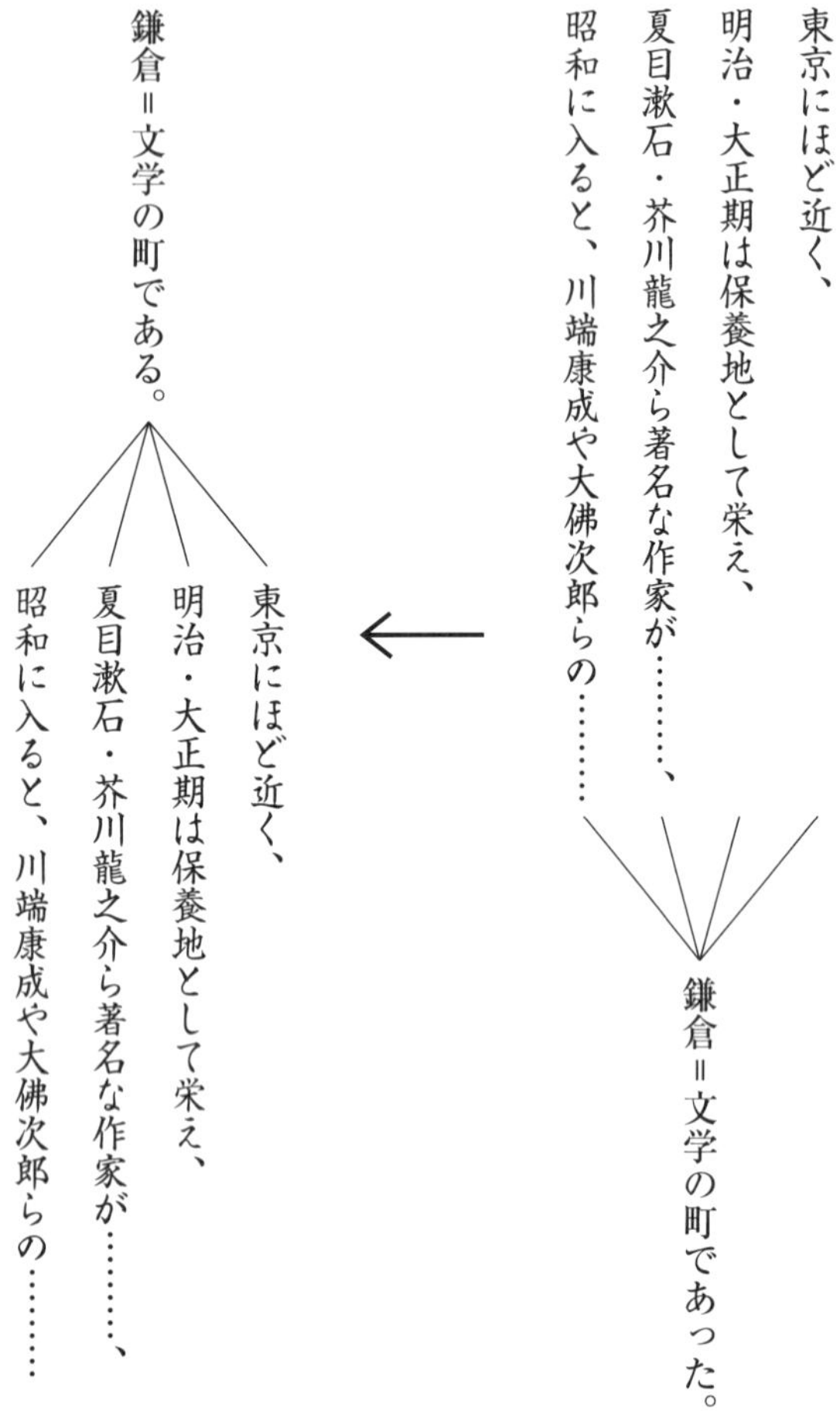
東京にほど近く、
明治・大正期は保養地として栄え、
夏目漱石・芥川龍之介ら著名な作家が………、
昭和に入ると、川端康成や大佛次郎らの………
鎌倉＝文学の町であった。
鎌倉＝文学の町である。
東京にほど近く、
明治・大正期は保養地として栄え、
夏目漱石・芥川龍之介ら著名な作家が………、
昭和に入ると、川端康成や大佛次郎らの………

図・話題が先にあるとボトムアップ処理が容易になる

トップダウン処理

文字列そのものから出発し、脳内の辞書と文法を活用して要素から意味を組みあげていくボトムアップ処理とは反対に、読み手が頭のなかに持っている知識から出発し、文字列に意味を付与していく「**トップダウン処理**」あるいは「**概念駆動型の処理**」と呼ばれるものがあります。トップダウン処理は、内容構成活動と深く関わるものです。次の文章を読んでみてください。

一見すると止まっているように見えるが、よく見るといつも動いていて止まることがない。ゆっくりと動いているのだ。夜寝るまえに、かならず頭のそばに置いておく。いつもは静かだが、朝起きるとうるさい。たたくと静かになる。大きいものと小さいものがあり、小さいものは持ち運ぶのに便利である。私はふだんポケットに入れておき、必要なときに取りだして見るようにしている。

この文章は、ボトムアップ処理でも読むことができますが、読みおわっても何の話かわからず、釈然としない気にさせられます。しかし、スムーズに読めた人もいるはずです。その人はきっと、この文章が時計の話だということがわかったからでしょう。

時計の話だということに気づかなかった人は、もう一度読みなおしてください。「一見すると止まっているように見えるが、よく見るといつも動いていて止まることがない。ゆっくりと動いているのだ」からは時計の長針が思い浮かぶでしょう。また、「夜寝るまえに、かならず頭のそばに置いておく。いつもは静かだが、朝起きるとうるさい。たたくと静かになる」は目覚まし時計を指していることがわかります。「大きいものと小さいものがあり、小さいものは持ち運ぶのに便利である」は clock と watch の区別を述べたものです。「私はふだんポケットに入れておき、必要なときに取りだして見るようにしている」は、書き手の私は懐中時計をイメージしましたが、人によっては腕時計や携帯電話の計時機能をイメージするかもしれません。

このように、**時計の話だということに気づいたとたん、一つ一つの文が時計と有機的なつながりを持ち、一貫した内容の文章として読み手に迫ってくる**という不思議な体験ができます。先ほどの鎌倉文学館の文章でもそうでしたが、その文章が何についての話なのかがわかれば読解は楽になります。受験英語の読解問題で、語彙や文法が少しぐらいわからなくても、何についての話かわかったので、そこから類推してだいたいの内容が理解できたという経験を思いだした方もいるでしょう。つまり、文章の話題を知り、そこから想像をふくらませれば、たいていの文章は読めてしまうのです。こうした文章の理解の仕方が、トップダウン処理の特徴です。

トップダウン処理には、「**推論**」の力が関与します。推論というのは、書かれていないことを類推して読むことです。先ほどの時計の文章には、長針、目覚まし時計、置時計・腕時計、懐中時計といった言葉はどこにも出てきません。しかし、時計の話だとわかったとたん、読み手の持っている時計についての知識を用いて、書かれていないことを推測することができるようになります。

推論は、めいめいが勝手に想像する連想のことではありません。書いてある言葉をヒントにした合理的な推理です。読むプロセスの最終段階である内容構成活動で、この推論が大活躍します。そもそも、言葉による理解というものを考えてみると、**コミュニケーションのなかでやりとりされる言葉はヒントにすぎず、答えはつねに理解者の頭のなかにある**ということがわかります。言葉を手がかりにして、推論によって頭のなかに意味を見いだす活動こそが、理解活動の中心です。

統合的理解モデル

このように、ボトムアップ処理とトップダウン処理は、文章理解を支える二つの重要な働きです。語彙力や文法力を駆使して、文字列から地道に意味を見いだしていくボトムアップ処理は、文章に読み手の頭を合わせる読み方です。それにたいして、何の話題かを見ぬき、その話題にかんする知識や経験などの記憶に引きつけて読むトップダウン処理は、読み手の頭に文章を合わせる読み方と言えるでしょう。

読み手が文章を読むとき、ボトムアップ処理とトップダウン処理、そのどちらを用いて理解しているのかということについて、長い論争がありました。しかし、現在では、どちらも用いているという考え方が定説となり、両者をどのように組み合わせて読解活動がおこなわれているかに研究の焦点が移っています。

たとえば、キンチュ（Walter Kintsch）の**構築統合モデル**（Construction-Integration Model: CI model）では、文章理解のプロセスに、ボトムアップ処理による構築の段階と、トップダウン処理による統合の段階があると考えられています。

構築の段階では、言語に即した処理が中心です。目から入ってきた文章は、まず語や句のような小さい単位に分割して把握され、それらが組み合わされて命題（節）レベルのテキスト・ベース（text base）が生成されます。その段階では、句や命題どうしの関係が混乱していたり矛盾していたりすることもあります。しかし、統合の段階では、文脈や背景知識によってそうした混乱や矛盾が解消され、状況モデルと呼ばれる、現実世界に適合した一貫性のある表象が形作られます。構築統合モデルはボトムアップ処理を重視するモデルです。

一方、グレッサー（Arthur C. Graesser）を中心とする**構築論者モデル**（Constructionist Model）はトップダウン色の濃いモデルです。構築論者モデルでは、読者の目標（reader goals）、一貫性（coherence）、説明（explanation）という三つの想定が重視され、優れた読者はこの三つの想定に沿って適切な読み方を選択すると考えられています。

その文章を何のために読んでいるのか。その目的によって、読み方は当然変わります。また、部分的にせよ全体的にせよ、つじつまが合わないところがあれば、読者はそこに注目し、修正したり足りない部分を補ったりして理解しようとします。さらに、優れた読者であれば、文章のなかに出現する出来事や登場人物の行為、さらには筆者の主張に「なぜ」という問いを発し、その理由を知ることで理解を深めようとするでしょう。構築論者モデルの根本には、文章理解は問題解決の過程であるという考え方があります。

速読・平読・精読

ボトムアップ処理とトップダウン処理は、文章理解の両輪としていずれも欠かすことができません。しかし、**読み手は読書の目的や時間的制約におうじて、読書の方法を臨機応変に変えることができます。**

時間がなくて、大意だけつかめればよいときは、トップダウン処理重視の読みになります。その典型が「速読」です。速読では、書かれている内容の見当をつけ、その内容を補うつもりで読んでいきます。すべての文にきちんと目を通すとはかぎらず、大切そうなところを選んで読んでいくことになります。

一方、時間が充分にあって、内容を深く理解したいときは、ボトムアップ処理重視の読みになります。その典型が「精読」です。一つ一つの言葉の意味を慎重に吟味し、筆者がなぜここでその言葉を選んだのか、その意図に思いを馳《は》せます。すべての文にきちんと目を通すだけでなく、書かれていないことも推論で読み解こうとします。

その中間に位置する自然な読み方もあります。適当な名称がないので、普通の読み方という意味で「**平読**」と名づけておきます。平読は、何の話題かを意識しつつも、書いてあることを語彙や文法の知識を使って順に読んでいく読み方です。トップダウン処理とボトムアップ処理が均衡した読み方と言えるでしょう。

簡単に考えただけでも、トップダウン処理重視の速読、ボトムアップ処理重視の精読、トップダウン処理とボトムアップ処理が均衡した平読の三つがあります。本書では、この三つの読み方を軸にくわしく論じていくことにします。

第二章　「読む」技術の多様性

スキャニング

前章の終わりでは、読む速さにおうじた読み方を、速読・平読・精読の三つに分けて説明しました。ただ、この三分類は読む速さのみによる分類で、やや大雑把な印象があります。そこで、読みの質も考慮に入れて、もう少し細かく整理していくことにしましょう。

まず、速読を二つに分けて考えることにします。スキャニングとスキミングです。

「**スキャニング**」は、パソコンのスキャンでおなじみの検索を意味する言葉です。報告書の本文に含まれているあるキーワードを探すときや、電話帳で目的のお店の名前を見つけだすときに使う読み方です。当然のことながら、探している以外の内容はほとんど頭に入りません。読み方としては超速読になります。

それでは、実際にスキャニングを体験してみましょう。次の文章のなかから、「語用論」の定義を八秒以内で探しだしてください。

チャールズ・W・モリスは、記号論を意味論・統語論・語用論の三つに分けて考えた。そのことを「時計をお持ちですか」を例にとって考えよう。意味論は記号と意味、すなわち記号が指し示すものとの関係を問題にする。たとえば、「時計」が、時間を示す機能がある道具を指すというのは、意味論の問題である。また、統語論は、記号と記号の関係を問題にする。「時計をお持ちですか」は通常の語順であり、「お持ちですか時計を」は倒置として許容されるが、「を時計ですかお持ち」では文にならないというのは、統語論の問題である。さらに、記号と使用者の関係を問題にするのが語用論である。聞き手に「時計をお持ちですか」と聞くだけで、もし時計をお持ちなら現在の時間を教えてほしいという意図まで伝達できるということは、語用論という領域を設定して初めて扱える問題である。

「記号と使用者の関係を問題にするのが語用論である」が、語用論の定義を示す部分です。八秒以内という時間制限のなかでは、語用論という言葉を探すのが精一杯で、他の部分を理解する時間的余裕はなかったと思います。

もちろん、この定義を見ただけでは、語用論というものが何か、わかりにくいでしょう。そんなときは、スキャニングから精読に読み方を切り換え、前後の文脈を見て内容を確認します。ここでは、「時計をお持ちですか」が「もしお持ちなら時間を教えてください」という言外の意味を持ちうることが、「記号と使用者の関係を問題にする」ことの内実だとわかります。

第一章で、書かれていることから書かれていない内容を読み手が合理的に推理する「推論」の考え方について説明しましたが、記号論や言語学の世界で、この「推論」を問題にするのが語用論という学問分野だといえばわかりやすいでしょうか。

私たちは、新聞や雑誌、パソコンの画面で言葉の意味を探すとき、**まずスキャニングをおこない、その言葉が見つかった段階で精読に読みの切り換えをおこなっている**ものです。そのことは、自分自身の内面で起きている活動を対象化して初めて見えてきます。

スキミング

「スキャニング」とともに速読の代表的な技術である「スキミング」についても見ておくことにしましょう。「スキミング」の「スキム」はすくいとるという意味です。大切そうなところをすくいとりながら読むもので、いわゆる斜め読みと呼ばれるものに近い読み方です。細部はともかく、だいたいの内容がわかればよいというつもりで読んでいきます。限られた時間のなかで、話のポイントを知りたいときに現れる読み方です。

それでは、スキミングを実践してみましょう。次の文章を三〇秒以内で読み、筆者が言いたいことは何かを三〇字程度にまとめてください。

〝車のウソ発見器〟とでも呼ぶべきドライブレコーダーの実用化が始まって1年余がたつ。現在は東京のタクシーのうち約1万台に装着されているが、効能ははるかに想像をしのぐようだ。

装置はシンプルだ。たばこの「ピース」の小箱を縦に二つつなげたほどの大きさの板に、超広角レンズのビデオカメラが仕組まれている。フロントガラスの内側に取り付けて車の前方の光景を撮影。万一の事故の時はセンサーが衝撃を感知し、事故前後の18秒間の映像を記録する。

　映像では事故に至る経緯が一目瞭然《りょうぜん》なので、事故原因の正確な解析ができる。いつブレーキを踏んだかも分かるから、よそ見をしていたのに「ちゃんと前を見ていた」と言い張っても、ウソと見抜かれてしまう。もちろん相手の動きも記録される。

　これまでは歩行者や自転車が相手の事故では車の側が悪者にされがちだったが、急な飛び出しや無灯火などの過失も把握できる。それが割を食うことが多いタクシーへの導入が進む一因だが、証明力が公認されれば当事者同士の水掛け論がなくなる。

　普及次第で警察の実況見分も映像の分析で済み、事故渋滞も生じないと警察庁なども注目し出した。見られているという意識からか、ドライバーの運転マナーの向上も著しく、事故件数が激減したという。「でも、最大のメリットは人間不信が消えたこと」と開発者のタクシー会社社長、桜井武司さんが力説する。

　同僚ドライバーの言い分も疑っていた事故係員が明るくなった。信用されて、ドライバーも機嫌がいい。それにしても、人の信頼関係までも機械に牛耳《じゅうじ》られる世の中とは……。69年前に映画「モダン・タイムス」で、機械文明を風刺したチャプリンはここまで予測しただろうか。

（「余録」『毎日新聞』二〇〇五年一月一六日朝刊）

「ドライブレコーダー導入の最大の効能は人間不信が消えたことである」が、筆者の言いたいことでしょう。

文章は何の話かがわからないと、スムーズに読めません。そこで、最初の一段落はやや慎重に読むことになります。ドライブレコーダーの実用化が始まって、想像を上回る効能があるという内容を頭に入れます。ここで問題になるのは、ドライブレコーダーとは何かということ、そして、想像をはるかにしのぐ効能とは何かということです。

第二段落ではドライブレコーダーの定義が示され、第三段落以降、ドライブレコーダーの効能が列挙されます。具体的には、事故原因の正確な解析ができる、相手方の過失もわかる。警察の実況見分も映像の分析で済む、ドライバーの運転マナーが向上するという効能が続き、そして、最大のメリットとして「人間不信が消えたこと」が示されます。「最大のメリット」という言葉に反応した人も多いでしょう。ここで大意の把握は完了です。最後の段落の「それにしても」以降は、新聞コラム特有のしゃれてみせる部分で、あまり重要ではなさそうです。

ここからわかるのは、**話の大枠さえ最初の段階で頭に入れてしまえば、それに沿って重要**

そうな情報を選択することで大意はつかめるということです。ドライブレコーダーとは何か、その効能とは何かということを追跡して読みすすめていけば、自然に要旨はできあがります。

記憶

速読はスキャニングとスキミングに分けて見てきました。一方、精読のほうも二つに分けて考えておきましょう。「記憶」と「熟読」です。

「**記憶**」は、内容を理解するだけでなく、読後、文章を見なくてもその内容を再生できるような読み方です。脳のひだに情報を一つ一つ刻みつけていくようにして、記憶の定着をはかりながら読みすすめますので、読み方としてはかなりゆっくりした読み方になります。

次の文章は夏目漱石「草枕」（『夏目漱石全集3』ちくま文庫）の冒頭です。読みおわったあと、完全に再生できるように時間をかけて読み、後の設問に答えてください。

山路《やまみち》を登りながら、こう考えた。
智《ち》に働けば角《かど》が立つ。情《じょう》に棹《さお》させば流される。意地を通《とお》せば窮屈《きゅうくつ》だ。とかくに人の世は住みにくい。

住みにくさが高《こう》じると、安い所へ引き越したくなる。どこへ越しても住みにくいと悟《さと》った時、詩が生れて、画《え》が出来る。

さて、問題です。以下の三つのカッコを埋めてください。もちろん、右の文章は見てはいけません。

山路を登りながら、こう考えた。

智に働けば角が立つ。情に棹させば流される。意地を通せば窮屈だ。［　　］人の世は住みにくい。

住みにくさが高じると、安い所へ引き越したくなる。どこへ越しても住みにくいと悟った時、［　　］が生れて、［　　］が出来る。

最初のカッコは「とかくに」、あとの二つのカッコは「詩」と「画《え》」です。「とにかく」や「とかく」なら使う機会もありそうですが、「とかくに」は見慣れない語形なので正答率は低そうです。

また、「詩」と「画」も難しかったかもしれません。「詩」と「画」の組み合わせまでは憶えても、どちらが先だったか、その順に不安を感じた人も多かったのではないでしょうか。

もちろん、できた人はすばらしい記憶力の持ち主です。しかし、できなかったからといって、がっかりする必要はありません。コンピュータは言葉を形で記憶しますが、人間は意味で記憶するのが普通です。カラオケの歌詞を見ずに完璧に歌って一〇〇万円というテレビ番組がときどき放映されますが、もし人間が言葉を形だけで憶えられるのであれば、そうした企画は意味をなさなくなるでしょう。

「記憶」の読み方は時間を要し、なおかつ脳に負担がかかります。**記憶の精度を高めるためには、音読したりくり返し読んだり話の展開を意識するなどして、複合的な方法で文章を記憶につなぎ止める工夫が必要です。**

熟読

「**熟読**」は、書かれている内容を充分に理解して、頭に入れるようにしながら読みすすめる読み方です。「記憶」ほど集中力を要するわけではありませんが、文章中の重要な概念を読後に説明できるようにする読み方ですので、精読が必要になります。

次の文章をじっくり読み、内容を充分に理解したうえで、後の設問に答えてください。

マクロビオティックは、桜沢如一《さくらざわゆきかず》が自らの食事法を広めたことで始まった健康によい食事法のことである。マクロビオティックの基本的な考えは、自分が食べたものが自分の体と心の源になるという食本主義にある。食べ物のバランスが崩れると、心身の病気につながると考えるのである。

食本主義以外にも、マクロビオティックの基本的な考え方を示す言葉はいくつかある。ここでは身土不二《しんどふじ》と一物全体《いちぶつぜんたい》を紹介する。

身土不二とは、その土地でできたその季節のものが身体を作るという考え方であり、その土地でできたものをその土地で消費する地産地消と似ているように見える。しかし、身土不二は伝統を重視するため、その土地で昔から栽培されているものだけを食べるのにたいし、地産地消は、外来種をその土地で栽培し食べることも含む。その点で、身土不二と地産地消は異なる。

一物全体とは、生物は全体でバランスが取れているので、そのバランスを壊さないように全体として摂《と》ることが重要であるという考え方である。そのため、米は玄米で食べ、野菜は皮をむかず、根菜でも葉を捨てずに調理する。

マクロビオティックは日本だけでなく、欧米にもその愛好者は多い。それによって健康を回復した体験談も多く聞かれ、健康によい食事法として女性を中心に急速に普及している。一方、科学的根拠に乏しいとする批判もある。

さて、問題です。マクロビオティックの基本的な考え方である「食本主義」「身土不二」「一物全体」について説明してください。もちろん、右の文章は見ないようにしてください。

「食本主義」とは、自分が食べたものが自分の体と心の源になるということです。簡単に言えば、「命の源は食にあり」ということでしょう。医食同源という言葉が浮かんだ人もいるかもしれません。

「身土不二」とはその土地で昔から取れるその季節のものが身体を作るという考え方です。身近なところで取れる旬の食べ物が一番ということでしょう。

「一物全体」とは、生物は全体でバランスが取れているので、そのバランスを壊さないように全体として摂ることが重要であるという考え方です。食材はどの部分も捨てることなく丸ごと食べることが大切と言い換えることも可能です。

このように、見慣れない概念を一つ一つきちんと理解するというのは時間がかかります。しかし、**時間をかけて丁寧に理解すれば、その概念が確実に自分のものになる**のです。

味読

「**味読**」は、書かれている内容を楽しく味わう読み方です。

第一章では、「平読」という読み方を紹介しました。ボトムアップ処理、トップダウン処理のいずれか一方に偏らない均衡の取れた読み方のことです。平読は早く読む速読や、時間をかけて読む精読とは違い、読書の目的や時間をあまり意識しない読み方です。ですから、技術はあまり必要がないようにも思えます。

しかし、平読の場合、漫然と読むことになってしまうことも多く、文章世界に今ひとつ浸《ひた》りきれないというジレンマを覚えることもあります。そのようなときに味読は有効です。**平読に一手間加えることで、文章世界に入りこむきっかけが生まれ、登場人物に自然に感情移入できるようになり、読書の楽しみが倍増します**。

味読がうまくいくと、読むという行為を意識せず、ひたすら内容を追って読みすすめられるようになります。味読は、書かれている内容に浸って読みふけっているときの読み方ですので、読んでいる最中に内容の詳細を逐一《ちくいち》憶えようとしているわけではありませんが、話のあらすじなら読後説明することも可能です。

読解ストラテジー

以上、「スキャニング」「スキミング」「記憶」「熟読」「味読」の五つの読み方について概観しました。まとめると、次の表のようになります。

スキャニング（超速読）……表現検索のための読み
スキミング（速読）……大意把握のための読み
味読（平読）……楽しみのための読み
熟読（精読）……概念習得のための読み
記憶（超精読）……内容再生のための読み

次の①〜⑤のような場合、これら五つのなかでどの読み方を使って読めばよいでしょうか。もっとも適切な読み方を選んでください。

①業務で必要な資格を取るために学んでいる資格試験の参考書
②「ことば」と「言葉」のような表記の揺れの確認が必要な印刷物
③忙しい時期に部下から提出された報告書
④開発中の新製品について社内の会議でプレゼンテーションをするときの原稿
⑤休日に趣味の読書として読む小説

①「業務で必要な資格を取るために学んでいる資格試験の参考書」で必要なのは「熟読」です。業務で必要な資格を取るために、資格試験の準備をしなければならない方も多いことでしょう。この場合、資格試験の参考書を流し読むというわけにはいきません。試験問題に対応できるように、誤りのない知識を確実に頭のなかに入れる必要があります。

②「『ことば』と『言葉』のような表記の揺れの確認が必要な印刷物」で必要なのは「スキャニング」です。印刷して多くの人に配布する文書の場合、「ことば」と「言葉」のような表記の揺れの確認をし、字句の統一をはかることが重要です。そうしたときに使われる読み方が、検索読みである「スキャニング」です。

「スキャニング」は、膨大な資料のなかから必要な言葉を取りだしたいときに使われます。パソコンで読めるようになっているデータの場合、検索は非常に簡単ですが、古い資料や貴重な情報は今でも紙媒体であることが少なくありません。その場合は、地味ではありますが、スキャニングを使って自分の目で探す必要があります。出版社や印刷所で働く人は、高いスキャニングの技術を備えているのが普通で、内容を丁寧に読まなくても、誤字・脱字や元の原稿と合わない箇所をたちどころに探しだすことができます。

③「忙しい時期に部下から提出された報告書」で必要なのは「スキミング」です。上司が部下の報告書を読むのに使う時間は平均三〇秒と言われます。実際にはそれ以上の時間をかけることも少なくないでしょうが、忙しい上司が部下の報告書を精読していては、忙しいビジネスの世界にあってはいくら時間があっても足りないのが実情です。

部下から出される書類の場合、上司には当然ある程度の知識や専門性がありますので、何が書いてあるのか、要点だけがだいたいわかればよいという読み方が可能です。そこで、通常「スキミング」が選ばれます。限られた時間で事務作業を効率よくこなすことを迫られるポストにある人は、この「スキミング」の技術が自然と身についています。

④「開発中の新製品について社内の会議でプレゼンテーションをするときの原稿」で必要

なのは「記憶」です。社内の会議で開発中の新製品について力を込めて説明をしなければならないとき、入念な準備が必要です。憶えるくらいに何度も原稿に目を通し、重要な鍵概念はもちろん、説明の流れやプレゼンテーションの順序もきちんと頭に入れておく必要があります。そうしたときに必要なのは、「記憶」による読み方です。そうすることで、原稿の棒読みにならずに済み、聴衆の反応に合わせた説得力のあるプレゼンテーションが可能になります。

⑤「休日に趣味の読書として読む小説」で必要なのは「味読」です。「記憶」や「熟読」は精読のための方法であり、「スキミング」「スキャニング」は速読のための方法ですが、いずれも読み手が自分の読み方をコントロールしている点が特徴です。休日の趣味の読書のように、読み方をコントロールせずに読める状況であれば、「味読」が選択されます。⑤の正解は「味読」です。

しかし、趣味の読書であっても、電車のなかで読書をしていて、最寄りの駅で降りるまでにここまで読みたいと思えば、読み方は速く粗くなりますし、意味の取りにくい箇所をきちんと頭に入れたいと思えば、読み方のスピードは落ちるのが普通です。読み方は、読解の目的と時間的制約によって、つねに影響を受けるものです。

　このように、**読解では、ＴＰＯに合わせた読み方が求められます。**逆にいうと、私たちは目的におうじて読み方を変幻自在に変える方法を身につけておかなければなりません。近年、「**読解ストラテジー**」という言葉がよく使われるようになっています。読解ストラテジーは、ＴＰＯに合わせた読み方の戦略のことです。読書にも効果的な戦略が必要とされているのです。

　本書の第二部～第四部では、この読解ストラテジーを、速読に関わる「話題ストラテジー」「取捨選択ストラテジー」（以上、第二部）、味読に関わる「視覚化ストラテジー」「予測ストラテジー」「文脈ストラテジー」（以上、第三部）、精読に関わる「行間ストラテジー」「解釈ストラテジー」「記憶ストラテジー」（以上、第四部）という八種類に整理して示し、目的に合わせた効果的な読み方を検討していきます。

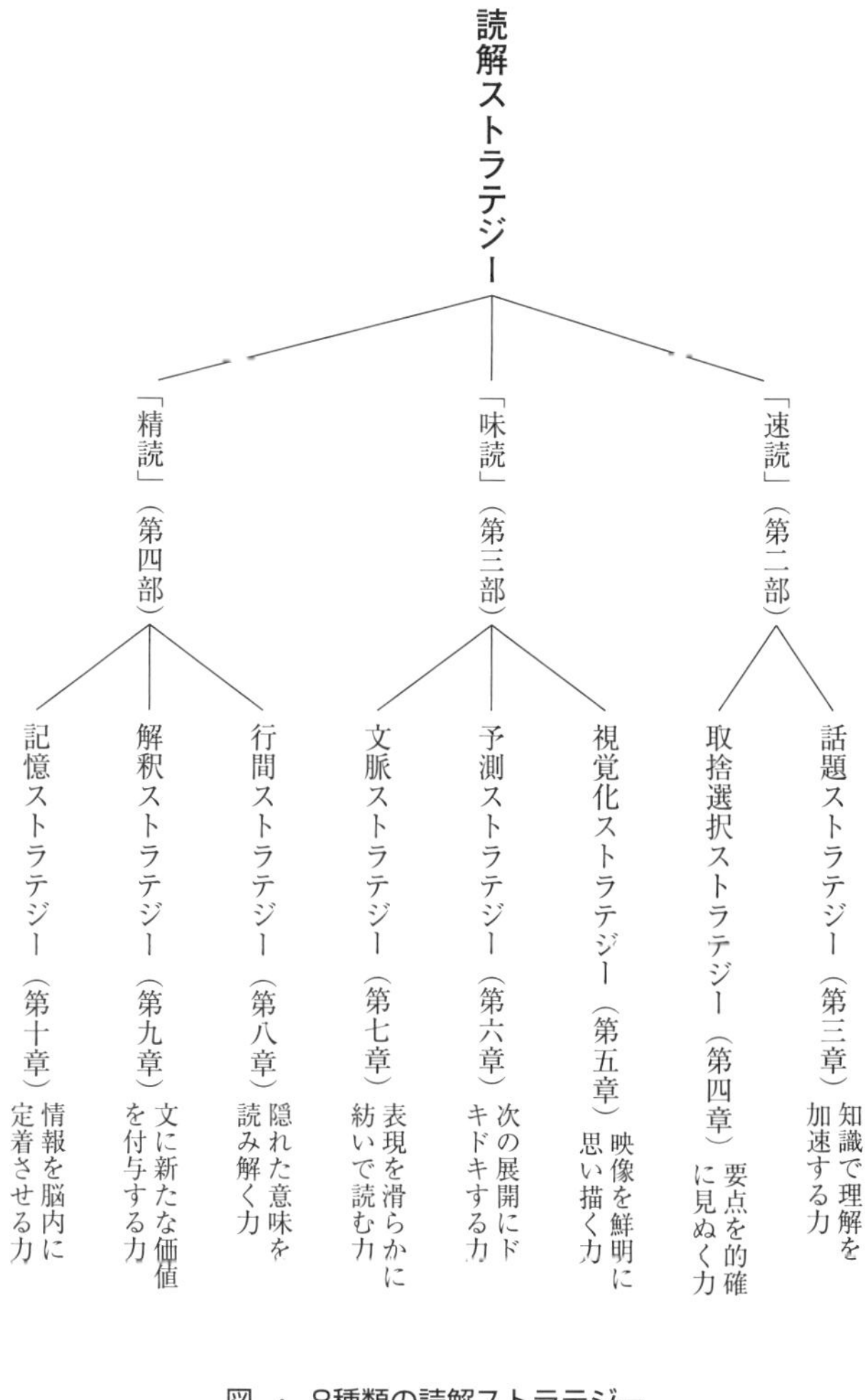

読解ストラテジー
「速読」（第二部）
「味読」（第三部）
「精読」（第四部）
話題ストラテジー（第三章）知識で理解を加速する力
取捨選択ストラテジー（第四章）要点を的確に見ぬく力
視覚化ストラテジー（第五章）映像を鮮明に思い描く力
予測ストラテジー（第六章）次の展開にドキドキする力
文脈ストラテジー（第七章）表現を滑らかに紡いで読む力
行間ストラテジー（第八章）隠れた意味を読み解く力
解釈ストラテジー（第九章）文に新たな価値を付与する力
記憶ストラテジー（第十章）情報を脳内に定着させる力

図・8種類の読解ストラテジー

第二部　速読——速く効率的に読む技術

第三章　話題ストラテジー　知識で理解を加速する力

スキーマとは何か

第二部では、速く効率的に読む「**速読**」のための読解ストラテジーを考えます。速読といっても、表現検索を目的とする超速読のスキャニングは、ストラテジーとしては扱いません。スキャニングは、「画像取得活動」「文字認識活動」のみに関わるものであり、「意味変換活動」「内容構成活動」という文章の理解を中心に扱う本書の対象外となるからです。

そこで、第二部では、大意把握を目的とする速読であるスキミングのスキルをみがくことにしましょう。スキミングは、短時間で終わらせたい勉強や仕事におもに使われる読み方で、要領よく読むことが何よりも重視されます。

最初に検討するストラテジーは、「**話題ストラテジー**」です。話題ストラテジーというのは、文章を貫く話題が何かを早い段階で見ぬき、その話題にかんする知識を利用して以降の理解を迅速かつ的確にするストラテジーです。

一見、ごく常識的なことを述べているようですが、話題とは何か、また、話題がわかるとなぜ迅速かつ的確に読めるかということを突きつめて考えると、それがけっして易しくないことがわかります。ここでは、**スキーマ**という考え方を導入することで、そのことを具体的に説明しましょう。

スキーマは、ドイツの哲学者カントが一八世紀に出版した『純粋理性批判』にも現れる言葉ですが、一九三二年、バートレット（Frederic C. Bartlett）という心理学者が『想起の心理学』(Remembering) という本のなかで提唱したことで、広く普及した概念です。

スキーマは、構造化、一般化された知識の枠組みを表します。私たちはスキーマというものがなければ生活できません。たとえば、日本で病院に行くのはさほど不安はないでしょうが、海外で病院に行くときとても不安になります。それは、病院のなかで何が起こるかがわからないからです。

日本の病院なら、初診のときは健康保険証を持参し、受付に出します。そこで初診である旨を告げると問診票を渡されます。それに記入し受付に提出してしばらく待つと名前を呼ばれ、診察室に入るよう指示されます。診察室に入るとそこには医師が座っており、そのままの椅子に腰かけます。医師の質問にたいして病状を告げたのち、いくつかの診察を受け、病名を診断されます。そして、診察室の外へ出て待合室で待っていると名前を呼ばれるので、受付に行って診察料を支払い、かわりに診察券と処方箋《せん》を受けとります。そして、通常、病院のそばにある薬局に処方箋を提出し、薬を受けとり、薬のお金を支払って帰るわけです。

しかし、海外の病院に行ったときはどうでしょう。診察券はあるのでしょうか。保険はどのように適用されるのでしょうか。診察はどのような順序で行われ、そのときにどう対応したらよいのでしょうか。診察料はどのくらいの金額が請求され、薬はどこで受けとればよいのでしょうか。海外で病院に行ったことがない私は、考えただけで病気になりそうです。

私たちの頭のなかには、この世界にかんする知識が構造化された無数のマニュアルがあります。病院マニュアルだけではありません。レストランでの食事、飛行機への搭乗、携帯電話の操作、車の運転など、自身の行動の基準となるマニュアルを持っており、それを用いて次に取るべき行動を予測し、周囲の環境に柔軟に対応しているのです。そのマニュアルがスキーマです。

バートレットのスキーマという考え方は、七〇年代の人工知能研究に積極的に取り入れられ、その概念が深められます。ラメルハート（David E. Rumelhart）らのスキーマ（schema）理論、ミンスキー（Marvin Minsky）のフレーム（frame）理論、シャンク（Roger C. Schank）らのスクリプト（script）理論が代表的なものとして知られています。

読み手が文章を理解したり記憶したりするときにもスキーマが働きます。読み手は文章そのものを単純にコピーしているわけではありません。**その人がすでに持っている知識の枠組みを用いて、与えられた文章の意味を理解し、再構成している**と考えられます。

文章理解のスキーマを考えた場合、キャレル（Patricia L. Carrell）が唱えた**内容スキーマ**（content schema）と**形式スキーマ**（formal schema）の区別が重要です。

内容スキーマは、病院スキーマのように話題によって活性化されるスキーマです。この第三章「話題ストラテジー」で扱います。一方、形式スキーマは「たしかに〜かもしれない」と来ると「しかし」が来そうだというような、言語形式に関わるスキーマです。第六章「予測ストラテジー」のなかでくわしく扱います。

文章理解のさいに働く内容スキーマ（以下、たんに「スキーマ」と呼びます）をどう説明するかは難しいのですが、現代的な比喩でいえば、インターネット上の記事やサイトの整理に用いられるカテゴリのようなものと考えればよいでしょう。

インターネットで記事やサイトを検索しようとすると、話題や分野によって階層的に整理されていることに気づきます。ウェブサイトであればカテゴリという形で、掲示板であればスレッドという形で整理されています。たとえば、近現代の日本語の総合研究機関である国立国語研究所を検索すると、Ｙａｈｏｏ！のカテゴリでは「トップ＞社会科学＞言語学＞各国言語別＞日本語＞研究機関＞国立国語研究所」として位置づけられています。人間の頭のなかのスキーマは個々人によって違うでしょうが、おそらくこのような抽象度が異なる上位・下位カテゴリからなる階層構造になっていると思われます。**私たちは文章を読むと、そこに提示されている話題と、頭のなかにある知識と経験の蓄積からなるスキーマとを結びつけ、理解しようとすると考えられます。**

もっと簡単にいえば、私たちの頭のなかは小さな図書館だということです。図書館の資料は、総記、哲学、歴史、社会科学、自然科学、技術・工学、産業、芸術、言語、文学として大きく分類され、それがさらに何層にもわたって細かく内容分類されています。私たちの頭のなかは、これほど整然とではありませんが、大小さまざまなスキーマからなる小さな図書館のようになっており、必要におうじて頭のなかにある蔵書を引っ張りだしてきて理解していると考えればよいでしょう。

スキーマの働かない文章

スキーマの説明がやや長くなってしまいましたが、スキーマは理屈ではなく体感するのが一番です。以降では、実例に当たるなかでスキーマの威力を体感することにしましょう。まずは、次の文章が何について書かれた文章か意識して読んでみてください。

鉄のくさりを両手で握って、行ったり来たりをくり返す。最初はゆっくりしているが、次第に速くなる。しかし、ゆっくりでも速くても、リズムはつねに一定である。立つこともできるし、座ることもできる。並んですることもある。

正解は「ブランコ」です。ブランコだとわかった瞬間にスキーマが働いて、この文章に一貫性が生まれます。

「鉄のくさりを両手で握って」は、一本の鎖を両手で握るようにも読めますが、ブランコだということがわかれば、くさりが左右に一本ずつあって、それをそれぞれ右手と左手で握るということがわかります。「行ったり来たりをくり返す」は前後の往復運動のことです。「最初はゆっくりしているが、次第に速くなる」のは、漕いでいるうちに振幅の幅が大きくなるからです。「ゆっくりでも速くても、リズムはつねに一定である」も、ブランコに乗った経験があれば、すぐにわかるでしょう。漕げば漕ぐほど振幅の幅は大きくなり、スピードも速くなりますが、往復運動のリズム自体は一定です。

「立つこともできるし、座ることもできる」は立ち漕ぎ、座り漕ぎを指しています。「並んですることもある」というのは、ブランコは通常、二台並んで設置されることが多いため、二人で並んで楽しめるようになっているからです。

このように、私たちはブランコにかんするスキーマを持っており、話題がブランコだとわかれば、それぞれの表現をブランコの形状や機能に結びつけて理解することができます。

この文章では、ブランコだということがわからないような語彙選択をしてありますが、「公園」「遊具」「子どもたち」「乗る」「漕ぐ」といったブランコをイメージさせる語彙が示されていれば、それもまた、ブランコのスキーマを活性化させる力になるでしょう。

今度は、もう少し難しい問題に挑戦してみましょう。

ハンドルを両手で握って、行ったり来たりをくり返す。最初は手応えがあって、なかなか前に進まないが、次第に抵抗感がなくなり、スムーズに動くようになる。でこぼこより平らなほうがやりやすい。障害物があるとうまくいかなくなる。やりおわったあとは爽快感がある。毎日する必要はないが、頻繁にしたほうが、それだけ丈夫になる。

いかがでしょうか。なかなか頭に入ってきにくい文章です。ブランコのイメージが残っているせいで、かえってわかりにくかったかもしれません。正解は「芝刈り」です。

「ハンドル」は自動車のハンドルも自転車のハンドルもありますが、ここでは芝刈り機のハンドルです。「行ったり来たりをくり返す」のは、ブランコのときとは違って、距離のある地点間の移動を表します。

「最初は手応えがあって、なかなか前に進まないが、次第に抵抗感がなくなり、スムーズに動くようになる」のは、芝が伸び放題の状況と、刈りこみが進んだときの状況の対比です。

「でこぼこより平らなほうがやりやすい」では意図的に主語が省略されていますが、この文脈ではもちろん「地面が」です。「障害物がある」のも「地面に」です。

「やりおわったあとは爽快感がある」というのは、一仕事終えたあとの爽快感で、散らかっていた部屋の片づけが終わった爽快感に似ています。

「毎日する必要はないが、頻繁にしたほうが、それだけ丈夫になる」も主語が省略されています。「毎日する必要はない」の主語は「芝刈り」、「それだけ丈夫になる」の主語は「芝生」です。芝は本来上に伸びるものですが、芝刈りを定期的におこなうと横に伸びるようになり、その結果として芝の密度が高くなり、雑草が生えにくく丈夫になるのです。

芝刈りの文章が難しいのは、きっと多くの人にとって経験に乏しく、さほど身近ではないからでしょう。芝刈りの話として読めば、想像力で行間を補えますが、芝刈りの話だとわからないと、かなり手こずりそうです。スキーマは読み手がふだん親しんでいるものであるほど、スムーズに働きます。

複数のスキーマが働く文章

今度は、複数のスキーマが考えられる文章を見てみましょう。内容をめぐる誤解は、書き手の文脈と読み手の文脈にズレが生じるところから始まります。

次の文章は、何の話かという受けとり方が少なくとも二種類ある文章です。その二種類を考えてみてください。

寒い休日の朝、ふとんから出てまっさきにすることは、ガスのスイッチを入れることである。しばらく経つとお湯が沸き、ちょうどよい温度になっている。フタを取ると、白い湯気が一面に広がる。朝の至福のひとときが始まる。

「ちょうどよい温度」というのがくせ者です。その温度を四二度前後と考えた人はお風呂の話と理解した人、八二度前後と考えた人はコーヒーの話として読んだ人です。「お湯が沸く」というのは、沸騰だけを指すわけではありません。「お風呂のお湯が沸いたよ」と言われ、入ってみたら熱湯でやけどをしたなどということは、まずないでしょう。もちろん、「お湯が沸く」を沸騰としてとらえることも可能です。その場合は、コーヒーではなく、紅茶でしょう。コーヒーは抽出温度が高いと、苦みやえぐみが強く出てしまい、おいしくありません。しかし、紅茶の場合、茶葉がポットのなかで勢いよく踊る、いわゆるジャンピングするぐらいがよいとされています。

そこまで深く考えた人は、きっとおいしいコーヒーや紅茶を飲むのにこだわりのある人でしょう。スキーマの深さや広さはその人の知識や興味に左右されるものです。

さて、次の文章は、少なくとも三つに解釈できる可能性があります。先ほどの文章が一通りにしか解釈できなかった人は、今度は最低でも二つの解釈ができるよう、想像力を働かせてみてください。

ボタンを押すと、ランプが点灯した。「こんなことなら、別の方法を選ぶべきだった。体力は使うけど、目的の場所までもっと早く行ける方法があったのに」とN氏はぶつぶつつぶやいた。点灯したランプを見ながら、長時間待つはめになったからだ。しかし、いったんその方法を選んだ以上、待ちつづけるしかなかった。ようやくランプが消えた。N氏は急ぎ足で移動を始めた。

「点灯したランプを見ながら、長時間待つ」ような状況は思いうかびましたか。

第一の解釈はエレベータです。エレベータというのは不思議なもので、二台並んでいると、その二台がシンクロして動く傾向があります。ですから、一台乗りすごすと、もう一台が来るのを待っていても、なかなか来ず、結局二台まとめて来たりするのです。だったら、階段で行けばよかったと思うのですが、そのときはあとの祭りです。

第二の解釈は信号です。歩行者用信号の場合、押しボタンを押しても、車道がわの信号がいっこうに変わらないことがあります。最近では、待ち時間を表示する歩行者用信号機もありますが、いらいらしているときほど時間が遅く進むものです。だったら、遠回りでも、歩道橋で行くべきだったと思うのですが、歩道橋にむかって歩いていくうちに信号が変わるのもしゃくなので、結局は信号のまえで待つはめになります。

第三の解釈はバスの車内です。急いでいるからあえてバスに乗ったのに、道路が渋滞していて、急ぎ足で歩道を行く歩行者に次々に追い抜かれてむなしくなるときがあります。混雑したバスにお金を払って乗ったのに、かえって遅くなる。しかも、押しボタンを押したのに、バスが動かず、いつまでも目的の停留所に着かない。無駄だとわかっていても、ここで降ろしてくださいと叫びたくなることもあるでしょう。

これが三つの解釈です。しかし、このいずれの解釈も都会的な文脈かもしれません。ある地方によってはいずれの解釈も出てこない可能性もあります。文章理解は読み手の経験によっても左右されるものです。

「お湯」の文章も、「押しボタン」の文章も、読み手のスキーマの働かせ方によって違う解釈を生みだします。しかも、異なる解釈は同時には起こりません。お風呂の解釈をしている

図・ルビンの壺

ときにはコーヒーの解釈は出てきませんし、エレベータの解釈をしているときには信号の解釈は出てこないのです。

図と地の関係を説明するのに使われる多義図形をご存じでしょうか。ある見方では盃《さかずき》に、別の見方では向かいあった人の顔に見える「ルビンの壺」などで知られる絵のことです（図2）。あれと同じで、読み手は異なる複数のスキーマによる理解を同時並行で進めることはできないのです。

読むということは意味を見いだすことです。ある意味を見いだした瞬間、別の意味は闇のなかに消えてしまいます。**読み手はあるスキーマを呼びだし、そのスキーマと文章が整合的に理解できたとき、「わかった」と感じます。しかし、その瞬間、別のスキーマを呼びだす機会を失ってしまっている**のです。わかった瞬間から、わからなくなるという文章理解のジレンマは、このようにして起こります（西林二〇〇五）。

スキーマが一貫しない文章

スキーマは文章に一貫性を与えます。つまり、何の話かがわかれば、文章が安定して理解できるようになります。ところが、スキーマがわかっても理解しにくい文章があります。次のようなものです。

先日私は高松の栗林《りつりん》公園を訪れた。池には色とりどりの鯉が泳いでいる。売店で麩《ふ》を買って鯉にやった。麩にはグルテンが含まれる。グルテンは水で練った小麦粉に含まれるタンパク質で、ねばりがある。天ぷらでは、グルテンがなるだけできないように薄力粉を使う。薄力粉は、スーパーでごくふつうに売られている小麦粉である。小麦粉は、世代や地方によってはメリケン粉と呼ばれる。国産小麦粉もメリケン粉というのだろうか。

この文章は話題がころころ変わります。鯉の話かと思ったら麩の話になる。麩の話かと思ったらグルテンの話になる。グルテンの話かと思ったら薄力粉の話になる。薄力粉の話かと思ったらメリケン粉の話になる。せっかく、文章の内容からあるスキーマを起動させても、そのスキーマが活用できないうちに別の話題に変わってしまうのです。こういう文章に出会うと読み手はいらいらします。書き手が何を伝えたくてその文章を書いているのか、その表現意図が見えないからです。

　このように、文章の話題の一貫性は、書き手の表現意図と密接な関わりを持っています。

スキーマの準備

　以上見てきたように、**これから読む文章のスキーマがわかれば、その文章を速く正確に読むことができます。**

　スキーマを知るもっとも簡便な方法は、本の書名、記事の見出し、メールの件名、論文の目次などを見ることです。文章の冒頭に示されるこれらのものは、文章の究極の要約として機能し、読むかどうかの選別に役立つだけでなく、実際に読みはじめたときの内容理解の補助的スキーマとして機能します。

　また、文章の書き出しの一文も注意して見るくせをつけておくと、文章の内容が速く正確に読めるようになります。次の四つの文は、『毎日新聞』の朝刊社説の冒頭文です（前から順に二〇〇五年一月三一日、四月一五日、四月一九日、四月二九日付）。この文からこの社説全体の内容がどのように展開するか予想してください。

①全国に1007カ所ある自治体病院の6割が経営赤字に陥っている。
②子供の立場や法的地位を重視する画期的な判断だ。
③「少子化対策」という言葉に抵抗を感じる。
④森が泣いている。

①は自治体病院の経営赤字が話題の文章です。どうして全国の自治体病院が赤字経営になってしまったのか。どうすれば、健全な経営に回復できるのかが述べられると予想されます。
②の「判断」は社説という文章の性格から考えて、裁判所の判決であると想像できます。具体的にどんな判決なのかは次の文を読んでみないとわかりませんが、その判決を画期的と考える書き手の評価の根拠が文章全体の基調をなすと予想できます。なお、②のあとには「国籍法の規定を法の下の平等を定める憲法に違反すると断じて、妻子ある日本人の男性とフィリピン人の女性との間に生まれた男児に日本国籍を認めた東京地裁判決。嫡出子と非嫡出子の区別に合理的な理由がない、とした指摘は、国籍問題に限らず、最近の社会の要請にもかなった普遍的原理だろう。」という文が続きます。

③「『少子化対策』という言葉に抵抗を感じる。」というのは不思議な始まり方です。子どもが少ない社会を問題ととらえる社会的風潮に向けられたのでしょうか。それとも、「対策」と称して政府が国民の生活に介入してくる危険性を察知したものでしょうか。いずれにしても、少子化を前向きにとらえる、常識の裏をゆく文章が期待できそうです。

④「森が泣いている。」というのは社説らしからぬ書き出しですが、おそらくは森林破壊を嘆き、森を大切にする施策を訴える内容が続くものと予想されます。

文章理解は速く読もうと焦ると、かえって遅くなるものです。**速く読みたいからこそ、タイトルや冒頭文に目を留め、何の話題がどのように展開されるかを簡単にでも想像してみることが大切です。**スキーマさえ適切に活性化されれば、読みすすめるうちに内容に自然と没頭できるようになり、読む速さは自然と速くなります。何の話か定まらないうちに先を読もうとすると、活字のうえを目がすべり、内容が頭に入らず、結局もう一度最初から丁寧に読みなおすということになりかねません。

文章の冒頭で、何の話かを意識しようと心がける話題ストラテジーは、スキーマを適切に活性化させることにつながります。

徐々に見えてくるスキーマ

実用文においてはスキーマが早く見えたほうが読み手に親切ですし、内容も明晰になるでしょう。しかし、**文学作品においては、スキーマが徐々に見えてきたほうが、かえって味わい深く感じられることもあります。**次の文章は、太宰治「桜桃」（『人間失格・桜桃』角川文庫）の書き出しです。

> 子供より親が大事、と思いたい。子供のために、などと古風な道学者みたいな事を殊勝らしく考えてみても、何、子供よりも、その親のほうが弱いのだ。少くとも、私の家庭においては、そうである。まさか、自分が老人になってから、子供に助けられ、世話になろうなどという図々しい虫《むし》のよい下心は、まったく持ち合わせてはいないけれども、この親は、その家庭において、常に子供たちのご機嫌《きげん》ばかり伺っている。子供、といっても、私のところの子供たちは、皆まだひどく幼い。長女は七歳、長男は四歳、次女は一歳である。それでも、既にそれぞれ、両親を圧倒し掛けている。父と母は、さながら子供たちの下男下女の趣きを呈しているのである。

冒頭の第一文、「子供より親が大事、と思いたい。」からスキーマを組み立てるのは難しいでしょう。第二文「子供よりも、その親のほうが弱いのだ。」から、子どもより親が大事と思いたい理由はわかった気がします。しかし、その背後にあるスキーマはまだ見えません。第三文「少くとも、私の家庭においては、そうである。」や第四文「この親は、その家庭において、常に子供たちのご機嫌ばかり伺っている。」まで読めばスキーマが見えます。

情報のわかりやすい提示順は、「私の家庭では、親は子どもの機嫌ばかり伺っている」ことから「子どもより親のほうが立場が弱い」ので「子どもより親が大事と思いたい」という順でしょう。ところが、太宰治は情報の提示順をあえて逆にすることで、スキーマが徐々に見えてくるおもしろさを演出したわけです。

もう一つ、太宰治の作品を見ることにしましょう。奇抜な書き出しとして有名な「葉」（『晩年』新潮文庫）からの引用です。

死のうと思っていた。ことしの正月、よそから着物を一反もらった。お年玉としてである。着物の布地は麻であった。鼠色《ねずみいろ》のこまかい縞目《しまめ》が織りこめられていた。これは夏に着る着物であろう。夏まで生きていようと思った。

「死のうと思っていた。」という書き出しに読み手はギョッとします。しかし、第二文から第六文まで、「よそから着物を一反もらった。お年玉としてである。着物の布地は麻であった。鼠色のこまかい縞目が織りこめられていた。これは夏に着る着物であろう。」と、まったく関係のない話が続きます。起承転結の「転」が冒頭に転がっているような印象です。ところが、この書き出しの「結」に当たる「夏まで生きていようと思った。」で、二つのまったく異なるスキーマが合流するのです。

「死のうと思っていた。」を後ろに回し、「死のうと思っていたが、夏まで生きていようと思った。」とすれば、理解も容易でしょう。着物のスキーマで始め、そこから自然と四季のスキーマに移れるからです。

二つの一見無関係なスキーマを並列させる原文の書き出しは、わかりやすさの原則から考えると、明らかにルール違反です。しかし、文章の終わりで今まで無関係に見えたもの同士につながりが現れ、パッと視界が広がるのは快感です。

欧米の文脈ではこうした展開はむしろ不快に受けとられやすいのですが、起承転結あるいは起承転合の伝統を持つ日本・中国・韓国などの東アジアの文脈では、一つの技術として確立した展開です。

以上、第三章では、話題とスキーマを活用した速読の方法について紹介しました。最後に、その内容の要点をまとめておきましょう。

◎「話題ストラテジー」のポイント

文章を速く正確に読むためには、次のことを意識する。

①その文章が何について書かれたものなのかを考え、頭のなかの知識や経験に引きつけて理解する。

②文章を読みはじめるとき、タイトルや書き出しに目を留め、何の話題がどのように展開されるかを想像する。

第四章　取捨選択ストラテジー　要点を的確に見ぬく力

重要情報の取捨選択

文章を速く読もうとした場合、もっとも手っ取り早い方法は、読む分量を減らすということです。文章をすべて読もうとすると、どうしても時間がかかってしまいます。しかし、場当たり的に間引いて読むと、肝腎の内容理解がおろそかになってしまいます。

内容理解がおろそかにならないように、ポイントだけを的確に抽出して読むにはどうしたらよいでしょうか。本章の**取捨選択ストラテジー**では、重要そうなところだけを選んで読む方法を検討します。

漢字を利用した情報の取捨選択

日本語には厳密な意味での正書法がありません。そのため、どの字を漢字で書くかは書き手の判断に委《ゆだ》ねられています。しかし、書き手は、好き勝手に漢字とひらがなを決めているわけではありません。

日本語の表記には「漢語は漢字、和語はひらがな」「実質語は漢字、機能語はひらがな」という二大原則があり、書き手はそれに、「常用漢字かどうか」「読者の年代や専門性」「漢字とひらがなのバランス」「自身のこだわりや好み」を加味して決めているのが普通です。

次の二つの文章を読みくらべてください。制限時間は各一〇秒です。

ようじのころは、しゅういのものがふしぎにみえた。おふろにてをいれると、ゆびがみじかくみえるのがふしぎだった。でんしゃにのると、まどにうてきがななめにつくのがふしぎだった。よるのこがいをあるくと、つきがどこまでもついてくるのがふしぎだった。ねるまえにめをとじると、なぜひかりがざんぞうとしてかがやくのかふしぎだった。トンネルのなかでこえをだすと、なぜこえがひびくかふしぎだった。しかし、おとなになったいま、そのふしぎさはどこかへきえてしまった。

　幼児　頃　周囲　不思議　見。　風呂　手　入　指　短　見　不思議。　電車　乗　窓　雨滴　斜　不思議。　夜　戸外　歩　月　不思議。　寝　前　目　閉　光　残像　輝　不思議。　トンネル　中　声　出　声　響　不思議。　大人　今　不思議　消。

　ひらがなばかりの文章はおそらく苦戦したでしょう。漢字ばかりの文章は、漢字の部分だけを取りだした断片の集積ですが、文法構造を示すひらがなの部分がなくても、実質的な内容はすぐに読みとれてしまうでしょう。原文を次に示しますが、かえって原文のほうがまどろっこしく感じられるぐらいです。

　幼児の頃は、周囲のものが不思議に見えた。お風呂に手を入れると、指が短く見えるのが不思議だった。電車に乗ると、窓に雨滴が斜めにつくのが不思議だった。夜の戸外を歩くと、月がどこまでもついてくるのが不思議だった。寝る前に目を閉じると、なぜ光が残像として輝くのか不思議だった。トンネルの中で声を出すと、なぜ声が響くか不思議だった。しかし、大人になった今、その不思議さはどこかへ消えてしまった。

私自身が文章を書くときは、「**実質語**は漢字、**機能語**はひらがな」という原則を基本的に最優先にしています。速読する読者がいることを念頭に置いているからです。つまり、**漢字だけ拾っていけば、文章の内容がだいたいわかる**ように書いているわけです。なお、実質語というのは名詞・動詞・形容詞のような実質的な意味を担う言葉、機能語というのは助詞・助動詞・形式名詞・接続詞のような文法的な機能を担う言葉です。副詞については判断に迷うことも多いのですが、基本的には機能語として考えています。

段落を利用した情報の取捨選択

日本語では文の終わりに述語が来るので、最後まで読まないと言いたいことがわからないとされています。それがときおり文章の構造にも拡大され、言いたいことは段落や文章の終わりに来ると言われることがあります。たしかにそうした面がないわけではありません。ところが、欧米のテクニカル・ライティングの普及のためでしょうか。**日本語の文章でも最初に言いたいことを述べるというタイプの文章がかなり一般的になりつつあります。**

新聞の一面は、見出し、リード、記事本文という三段階の構造になっていて、読者が必要な記事だけを選んで深く読めるような紙面構成になっています。学術論文の世界でも、見出し、要旨、キーワード、論文本文という構造を取ることで読者がほんとうに必要な論文にアクセスしやすいシステムが整っています。

それだけではありません。本文のなかもそうした階層構造が反映されていて、段落の冒頭を読めば段落全体の内容がわかる場合も少なくありません。次の文章は、山本ゆりこ『ヨーロッパのお茶の時間』（ピエ・ブックス）の「お茶について」からの引用です。お茶の種類についてのうんちくを短時間で頭に入れてそれを友人に話したい。必要のないところは読み飛ばすという前提で読んでみてください。

お茶の樹はツバキ科ツバキ属の常緑樹。ツバキ科ですので椿に似た白くて愛らしい花が咲きます。椿よりも小ぶりでめしべやおしべの部分がワサワサしていて、そのまわりを小さな白い花びらが一重で包み込むような形をしています。そして花全体がぽとりと落ちます。

紅茶のことを〈べにいろのお茶〉と表現するのは日本だけです。ヨーロッパの国々では、Black tea、Thé noir、Schwarzertee……〈黒茶〉といいます。〈黒茶〉といわず、

〈べにいろのお茶〉と名づけた日本人の言葉のセンスは素敵だなと思います。お茶は中国を中心にアジアで発展した文化なのです。

お茶の樹の種類は〈中国種〉と〈アッサム種〉の2種類。それに中国種とアッサム種の中間種の〈アッサム種雑種〉というのがあります。中国種は主に緑茶やウーロン茶などの不発酵茶や半発酵茶、アッサム種は紅茶などの発酵茶を作るために栽培されています。

お茶の製法によって、不発酵茶〈緑茶〉、半発酵茶〈ウーロン茶など〉、発酵茶〈紅茶〉の3種類に分けられます。この〈発酵〉は〈緑色の葉がしおれて茶色になり甘い香りが出る〉という状態です。お茶の葉の発酵は、〈異臭〉ではなく、〈芳香〉がプラスされます。この発酵の違いで様々なお茶が生まれるというわけです。

お茶の中でもヨーロッパで発展した紅茶についてお話しします。

紅茶は〈インド茶〉〈セイロン茶〉〈中国茶〉の3種類に分けられます。セイロンはスリランカでとれる紅茶の総称です。さらにインド茶のカテゴリーの中に〈アッサム〉や

〈ダージリン〉があり、とれる地域の名称がそのまま銘柄になっています。

紅茶は葉の細かさで7段階、一番大きな葉〈オレンジペコー〉にはじまり、粉のように細かくなったものが〈ダスト〉です。これはあくまでも葉の大きさで、紅茶の銘柄の違いではありません。ですからオレンジペコーはそれぞれのお茶に存在するのです。

お茶の種類のことだけ知りたいのであれば、最初の二段落は飛ばすことになります。その判断は段落の冒頭の文でおこないます。第一段落の冒頭文「お茶の樹はツバキ科ツバキ属の常緑樹。」、第二段落の冒頭文「紅茶のことを〈べにいろのお茶〉と表現するのは日本だけです。」はいずれもお茶の種類とは無関係で、この段落のなかの内容も無関係だと想像されます。

一方、次の二段落は必須です。第三段落の冒頭文「お茶の樹の種類は〈中国種〉と〈アッサム種〉の2種類。」、第四段落の冒頭文「お茶の製法によって、不発酵茶〈緑茶〉、半発酵茶〈ウーロン茶など〉、発酵茶〈紅茶〉の3種類に分けられます。」はしっかり頭に入れておきたいところです。お茶の樹の種類はたったの二種類で、緑茶、ウーロン茶、紅茶の違いは製法の違いだということがわかります。これだけわかれば充分でしょう。

もちろん、厳密にいえば、第三段落の第二文で、お茶の樹の種類には中間種もありますし、同じ段落の第三文で、お茶の樹の種類と製法が連動している部分があることもわかります。正確さを期すならばそこまで読む必要があるでしょうが、初心者のお茶理解の第一歩としては、冒頭文の理解だけでも充分なように思います。

第五段落、第六段落は、紅茶について興味があれば押さえ、そこまで詳しく知る必要がなければ読み飛ばすところです。その判別は、「お茶の中でもヨーロッパで発展した紅茶についてお話しします。」という予告文を使えば簡単です。これから述べる概要を予告してくれる文の存在は貴重です。こうした文は「お茶の中でもヨーロッパで発展した紅茶はどのように分けられるでしょうか。」のような問題提起文の形をとることもあります。会話とは異なる一方向的な伝達である文章において、読者に語りかけるような予告文や問題提起文が出てきた場合は、目に留める価値があると考えてよいでしょう。

紅茶の種類について興味がある人は、第六段落の冒頭文「紅茶は〈インド茶〉〈セイロン茶〉〈中国茶〉の3種類に分けられます。」と第七段落「紅茶は葉の細かさで7段階、」の二文はしっかり頭に入れるようにします。情報としてはこれで充分でしょうが、自分の知識をより詳しくしたい場合は後続の文も読み、紅茶の種類は茶葉の産地で決まるということ、茶葉の大きさによる分類で最大のものはオレンジペコー、最小のものはダストということも記憶しておけば万全でしょう。

文章のおおよその内容は、段落の最初の文を見るだけでもつかめることが多いものです。

改行一字下げの部分だけを追っていけばよいので、速読したい場合には便利なストラテジーです。

文頭を利用した情報の取捨選択

段落の冒頭文を見て情報の取捨選択をする方法は有力ではありますが、大胆な飛ばし読みをするので、ややリスクを伴います。そこで、もう少しきめ細かく見ていく方法を考えます。

その方法は、**各文の冒頭に指示詞や接続詞がついている文を重視し、それを軸に文章を読んでいく**方法です。

次の文章は、日本の財政赤字について論じた『毎日新聞』の社説（二〇〇五年七月七日朝刊）です。傍線が引いてある表現を含む文（「　」に入っている文）を拾い読み、傍線部の表現が指示詞の場合、何を指しているか。また、それが接続詞の場合、何と何を結んでいるかを意識してください。

今年3月末時点の国の借金が781兆5500億円と、1年前に比べて78兆4000億円増加した。財源確保のための普通国債や財政融資資金の調達が目的である財投債の新規発行に伴うものだ。［①これに、地方の借金を加えれば、今年度内には1000兆円を突破しそうだ。］

もともと、日本の財政は緊急事態にある。本源的な歳入である税収が景気低迷の影響のみならず、税制改正にともなう減税措置もあり、低迷している一方で、歳出の削減は困難を極め、不足分が国債など借金で調達された。［②この状況が異常であることは早くから認識されていたはずだ。］［③それにもかかわらず、政府からは06年度予算編成で国債を目に見えて減らそうという方針はみえてこない。］

出来る範囲ではやるが、それ以上の無理はしないという姿勢だ。予算編成に厳しい方針を打ち出すことが期待されている経済財政諮問会議でも、具体的な数値目標に踏み込むことはできなかった。［④しかし、財政制度等審議会の建議が指摘しているように、10年代初頭に基礎的財政収支（プライマリーバランス）が黒字化したとしても、そのまま、国内総生産（GDP）に対する国債残高の比率が下がるわけではない。］

国債発行を本格的に減らす施策を取らないことは、先送りそのものである。日本の財政はそれでは収拾のつかないところまで来ている。［⑤そこで、重要になるのが今月末にも決定される、06年度予算の概算要求基準である。］

歳入面では企業業績が引き続き好調であることや、所得環境もわずかではあるが改善していることを考慮すれば、税収増が期待できるだろう。［⑥一方で、歳出面では社会保障を中心とした自然増のほか、三位一体改革の税源移譲をどうねん出するかなどが課題だ。］

借金を増やさない観点から、やるべきことははっきりしている。

［⑦第一は、歳出改革の徹底である。］財務省がサンプルを抜き出して実施している予算執行調査でも、相当数の無駄遣いがみつかっている。鋼鉄製橋梁《きょうりょう》の談合事件にも示されているように、公共事業は相変わらず割高なままだ。公務員人件費の見直しもこれからだ。

歳出改革というが、次元を変えなければならない段階に入っている。幸いなことに、03、04年度と1兆円を超す純余剰金が出た。歳出はさらに削れる。

［⑧第二は、国、地方を通じて公債発行を前年度より大幅に圧縮することである。］国においてはかつて、小泉純一郎首相が掲げた新規財源債30兆円枠の復活を検討すべきだ。

地方では、町村合併への優遇策として認められる地方債の特例枠の凍結が考えられる。国においては、借金の伸びにキャップを設定することで、歳出改革にも弾みがつく。地方ではようやく、基礎的財政収支が黒字化した状況を逆戻りさせないことに寄与する。特例債で各種施設を建設するのでは、財政改革にはならない。

ぬるま湯につかったままでは、借金財政からの脱却はできない。

この社説の指示詞と接続詞を、文章のはじめから順に一つ一つ押さえていきましょう。まず、「これに」、地方の借金を加えれば、今年度内には1000兆円を突破しそうだ」の①「これ」は国の借金781兆5500億円を指しています。この部分は重要な情報です。つぎに、「この状況が異常であることは早くから認識されていたはずだ」の②「この状況」は税収が伸び悩む一方で歳出削減が困難を極め、それを国債で補っている状況を指します。ここまでで、国の借金が膨張する理由が理解できました。それに続く、③「それにもかかわらず」は、その異常な状況にもかかわらず政府は国債を減らそうとしていないという問題点の指摘につながります。

ここまでは丁寧に見たので、あとは速読らしくはしょって理解していきましょう。④「しかし」は、それまでの内容を受けて、そのままではまずい、ということでしょう。⑤「そこで」重要になるのが「06年度予算の概算要求基準」というわけです。⑥「一方」は、その概算要求基準にかんして歳入・歳出の両面をつないだものです。

その次の段落からは注目すべき指標が少なくなります。「第一は」と「第二は」の二つだけです。しかし、この場合、何の第一・第二なのかが重要になります。「借金を増やさない観点から、やるべきことははっきりしている」の「やるべきこと」の第一・第二であることを確認して読みすすめます。

⑦「第一は」の内容は「歳出改革の徹底である」、⑧「第二は」の内容は、「国、地方を通じて公債発行を前年度より大幅に圧縮することである」です。具体例を知りたければ後続文脈を確認すればよいでしょう。大意を知りたいだけなら、文章全体の最後の文「ぬるま湯につかったままでは、借金財政からの脱却はできない」がわかれば読解は終了です。

読んできたプロセスにしたがって大意を再現してみましょう。「日本の財政赤字は、国・地方をあわせて今年度内には1000兆円を突破しそうな状況であり、税収が伸び悩む一方で歳出削減が進まず、それを国債で補う異常な状況が続いている。このままでは財政が破綻するおそれがあるので、06年度予算で歳出改革を徹底し、公債発行を大幅に圧縮する必要がある」ということになります。これで要約は完成です。

指示詞と接続詞を中心に読んでいくと、文章の筋を漫然と追っているだけでは見えない話の筋が見え、大意を把握するのに力を発揮します。なぜそのようなことが可能なのでしょうか。それは、**書き手が文章を書くときには、指示詞と接続詞を用いて伝えたい内容を整理し、文章の話題と展開のネットワークを作りだしているから**です。つまり、文を超えるレベルで働き、文章の骨組みを作るのが指示詞と接続詞なのです。

文末を利用した情報の取捨選択

一方、文頭の指示詞・接続詞とは反対に、各種の文末表現を利用して、書き手の言いたいことを汲みとる方法もあります。書き手が主張を文に込める場合、文末にそのことを示す形式をつけるのが普通です。たとえば、「〜と考える」「〜と思われる」「〜と言える」のような思考・伝達の動詞、「〜べきだ」「〜ねばならない」「〜必要がある」のような当為の表現、「〜のではないか」「〜のではないだろうか」「〜はずだ」のような判断の表現です。

とくに、注目したいのは「〜のだ」「〜のである」という表現です。これは日本語において多用される表現で、この文末を持つ文は重要な情報である可能性が高いのです。次の文章

（『毎日新聞』二〇〇四年六月二七日朝刊社説）では、「〜のだ」には二重傍線、書き手の主張を示すそれ以外の文末表現には傍線を引きました。その文に注目して読んでください。

東シナ海の日本の排他的経済水域（ＥＥＺ）付近で中国が進めている春暁ガス田開発が、日中の大きな外交課題として浮上してきた。

日中間ではＥＥＺの境界が画定していない。［日本が日中のＥＥＺの中間線を境界だと主張しているのに対し、中国は大陸棚が続く沖縄付近まで自国に権利があるといい、中間線から四キロの中国側海域でガス田開発を始めたのだ。］

中国の採掘によって日本が主張するＥＥＺ内の天然ガスがストローで吸い取るように抜き取られてしまう恐れがある。［日本として何らかの対応をとらねばならない。］

日中外相会談で川口順子外相がガス田開発に懸念を表明し、開発データの提供を求めた。資源エネルギーを担当する中川昭一経済産業相は海上保安庁の航空機で上空から春暁ガス田を視察した。

だが、日本として確たる国家戦略があるわけではない。ＥＥＺ内の資源開発には経済産業省、国土交通省・海上保安庁、文部科学省、農水省、外務省、防衛庁などの相互協力が必要だが、省庁間の連携がスムーズだとはいえない。日中関係が悪化しないよう外務省が中国に気がねしていることもあるだろう。

それでも日本は国連海洋法条約に基づく大陸棚調査に今年度から本格的に着手している。周辺海域の海底にはコバルト、マンガン、天然ガスなど数十兆円にのぼる資源が眠っているという。〔地形や地質などから領土に続く大陸棚であることを09年までに証明すれば、国連が海底の鉱物資源を採掘する権利を認めることになったのだ。〕

ただ、調査しているのはＥＥＺの境界問題が発生しない太平洋側の海域である。〔国連海洋法条約が境界画定を妨げるようなことをしないよう加盟国に求めているため、日本は東シナ海などでは調査を控えているのだ。〕

これに対し中国は着々と東シナ海での調査を進めた。最近では軍と連携して海底の地形、海流なども詳しく調べている。さらに沖ノ鳥島が排他的経済水域を設定できる「島」ではなく「岩」だと主張し、日本に揺さぶりをかけている。〔中国は将来のエネルギー需要の増大を見越して、戦略的に海洋資源の確保に乗り出しているのだ。〕

小泉純一郎首相は先に通常国会の施政方針演説で大陸棚調査を推進すると表明したが、日本に海洋国家として資源開発の長期ビジョンがあるわけではない。

日中外相会談で中国は春暁ガス田の共同開発を日本側に提案した。日本が共同開発に参加すれば、境界問題があいまいになる恐れがある。中国は春暁ガス田の開発データも明らかにしていない。「提案に安易にのるべきでないのだ。」「むしろ日本は太平洋以外の周辺海域でも必要に応じて独自に資源調査を進め、基礎データを収集すべきだ。」「中国の動向については、対策を関係省庁が一体となって検討し、中国に言うべきことは率直に伝えねばならない。」「日本は海洋国家として長期的な戦略を構築する必要がある。」

「～のだ」で示された文には新しい事実や鍵となる事態が、「～ねばならない」「～べきだ」「～必要がある」で示された文には書き手の主張が含まれていることがわかります。つまり、そうした文末を備えた文だけ拾って理解していけば、書き手の言いたいことは理解できるしかけになっているわけです。

文頭の指示詞は文章の話題のネットワークを、接続詞は文章の展開のネットワークをそれぞれ表します。それにたいして、**「～のだ」を始めとする文末表現は、文章における書き手の主張のネットワークを表しています。**そのため、重要な情報を選別するためのより適切な戦略を構築するためには、文頭と文末、この両方に目配りをする必要があるのです。

◎「取捨選択ストラテジー」のポイント

文章の要点を的確に抽出して読むためには、次のことを意識する。

①漢字で書かれた重要情報を拾いだす。

②段落の冒頭の文を大意の理解に役立てる。

③文頭の指示詞と接続詞から、文章の話題と展開のネットワークを把握する。

④「～のだ」に代表される文末表現から、書き手の主張のネットワークを把握する。

第三部　味読——文章世界に自然に入りこむ技術

第五章　視覚化ストラテジー　映像を鮮明に思い描く力

視覚に訴える文章

第三部では、楽しく自然に読む「**味読**」のための読解ストラテジーを考えます。味読は、速読とは異なり、プライベートの時間に楽しみながら読む読書法です。ここでは、読み手が登場人物に感情移入し、文章世界に没頭できるとき、その背後で働くメカニズムを考えます。そのメカニズムを知り、自分の読み方に応用できれば、読書が今よりもっと楽しく味わい深いものになるでしょう。

第五章では「**視覚化ストラテジー**」について検討します。文章は、視覚化できる文章と視覚化できない文章に分かれます。「鯨が潮を吹いている」というのが視覚化できる文章、「鯨は哺《ほ》乳類である」というのが視覚化できない文章です。

視覚化できる文章は映像的な文章で、見ている人の目が感じられます。一方、視覚化できない文章は説明的な文章で、見ている人の目が感じられません。「鯨が潮を吹いている」という文では、鯨を見ている人がいますし、鯨が潮を吹いている絵を描くことも可能です。それにたいして、「鯨は哺乳類である」という文では、鯨を見ている人はいませんし、絵で描くことも困難です。

ただ、**視覚化できる文章であってもどこまで視覚化するかは読み手の裁量次第です。**「ハンサムな俳優」という表現を見たとき、俳優の具体的な顔を思い浮かべるかどうかは、読み手に委ねられています。「視覚化ストラテジー」は、見ている人の目が感じられる文章において、視覚的なイメージを積極的に活用し、臨場感豊かな場面を構成するストラテジーです。

一つのじゃがいもの中に
山も川もある

（高橋新吉「じゃがいも」『高橋新吉全集1』青土社）

詩人の発想は斬新《ざんしん》です。たしかに、一つのじゃがいもを一つの惑星と考えると、そこには山も川もあります。ごつごつしたじゃがいもを視覚化することで、この詩のイメージがふくらみます。

蟻が
蝶の羽をひいて行く
ああ
ヨットのやうだ

（三好達治「土」『三好達治詩集』思潮社）

これは、三好達治「土」というよく知られた詩の全文です。この詩では視覚的なイメージが生命線です。おそらく蝶《ちょう》はモンシロチョウで、胴体の部分が船、羽の部分が帆と見たてられているのでしょう。タイトルの「土」は比喩の世界では海であって、無数の蟻《あり》はそこにさざめく波なのかもしれません。そこまで視覚化できると、さらにイメージがふくらみます。

なぜ　花はいつも
こたえの形をしているのだろう
なぜ　問いばかり
天から　ふり注ぐのだろう

（岸田衿子「なぜ　花はいつも」『あかるい日の歌』青土社）

空にむかって咲く「花」は、たしかに天からふり注ぐ「問い」を受ける「こたえ」の形をしているように見えます。その「花」がアサガオなのか、ヒマワリなのか、チューリップなのかは人によって異なるでしょうし、「天からふり注ぐ問い」が雨粒なのか、粉雪なのか、それとも日光なのかも読み手の解釈次第でしょうが、そのいずれであっても、詩人のユニークな着想が生きるかどうかは、読み手の視覚的なイメージ力にかかっています。

視点の存在

文章の視覚化を考える場合、**視点**のメカニズムを考える必要があります。そもそも視点というものはどのような表現から生まれるものでしょうか。次のAとB、二つの文章において、どちらに視点が感じられるか、そしてその印象が文章中のどの表現に由来するのか、考えてみてください。

A①ＴＯＴＯのウォシュレットをはじめとする温水洗浄便座は、ボタン一つで自動的にお尻を洗浄する、とても便利な機械である。②この機械が革命的だったのは、紙が不要であり、かつ紙に比してお尻が清潔に保てる点にある。③ウォシュレットは、一九八〇年に販売が開始されたが、八〇年代での普及率はきわめて低かった。④しかし、九〇年代が終わるころには、各地の店舗や飲食店、また一般家庭への普及率は五割を超えるようになった。

B①ＴＯＴＯのウォシュレットをはじめとする温水洗浄便座は、ボタンを押すと自動的にお尻を洗ってくれる、とても便利な機械である。②私がこの機械を初めて使ったとき、紙を使わずに済み、かつ紙を使ったときよりもお尻がきれいになることにびっくりした。③ウォシュレットは、私が生まれた一九八〇年に販売が開始されたが、幼いころはほとんど目にすることはなかった。④しかし、大学に入るころには、近所のデパートやレストランでも、また友人や親戚の家などでもふつうに見かけるようになった。

いうまでもなく、Bの文章が視点の感じられる文章です。しかし、内容には大きな違いがありません。いったいどこが違うのでしょうか。

まず、双方の①を見てみましょう。「ボタン一つで自動的にお尻を洗浄する」と「ボタンを押すと自動的にお尻を洗ってくれる」の部分が違います。Aからは、操作する人の影が感じられません。一方、Bのほうは、「ボタンを押す」となっていて、ボタンを押す主体がいることが予想されます。また、「お尻を洗ってくれる」の「くれる」から、お尻を洗ってもらう人の存在も暗示されています。

Aの②「この機械が革命的だったのは、紙が不要であり、かつ紙に比してお尻が清潔に保てる点にある」とBの②「私がこの機械を初めて使ったとき、紙を使わずに済み、かつ紙を使ったときよりもお尻がきれいになることにびっくりした」とでは、いっそう違いが際だっています。Aのほうには人がまったく登場していません。それにたいして、Bのほうでは、

「私」という人物が出てきて、温水洗浄便座を使い、紙を使わずに済ませ、びっくりしています。いずれも、人が介在しないと成立しない行為です。

③も④も、やはりそうした違いが見られます。Aでは「普及率」という語を軸にして数値で客観的に描こうとしており、そこには主体の存在は感じられません。一方、Bでは「私」という主体が登場し、目にしたり見かけたりする行為が描かれています。

視座と注視点

視点という概念の難しさはその多義性にあります。**視点という語は、見ている主体にたいして使われる場合と、見ている対象にたいして使われる場合があり、これが視点という概念を複雑にしています。**次の文章は、志賀直哉「城の崎にて」（『私小説名作選』集英社文庫）からの引用です。

①ある朝のこと、自分は一疋《いっぴき》の蜂が玄関の屋根で死んでいるのを見つけた。②足を腹の下にぴったりとつけ、触覚はだらしなく顔へたれ下がっていた。③他の蜂はいっこうに冷淡だった。④巣の出入りに忙しくその傍を這いまわるがまったく拘泥《こうでい》する様子はな

かった。⑤忙しく立働いている蜂はいかにも生きている物という感じを与えた。⑥その傍に一疋、朝も昼も夕も、見るたびに一つ所にまったく動かずに俯向《うつむ》きに転っているのを見ると、それがまたいかにも死んだものという感じを与えるのだ。

①「ある朝のこと、自分は一疋の蜂が玄関の屋根で死んでいるのを見つけた」では、視点が、見ている主体である「自分」にあるといえます。しかし、視点は、見ている対象である「一疋の蜂」にあるともいえるのです。そのことは、「自分」の存在が直接語られることがない②以降でより鮮明になります。

読み手の意識は、②では「一疋の蜂」に注がれ、③〜⑤ではその「一疋の蜂」を軸にして「他の蜂」の様子が描かれます。そして、最後の⑥でまた「一疋の蜂」に戻ってきて、見たり感じたりする「自分」が意識に上ります。②〜⑤ではずっと、見ている「自分」が意識されることはありません。結果として、視点が「一疋の蜂」にあるという感じが強くなるのです。

つまり、視点という語は、カメラを持っている主体である「自分」を指すだけでなく、カメラが撮《うつ》している対象である「一疋の蜂」も指しうるのです。そこで、用語の混乱を回避するために、必要におうじて、カメラを持っている主体を「**視座**」、カメラが映している対象を「**注視点**」と呼んで区別することにしましょう（宮崎・上野一九八五）。そうすると、「城の崎にて」における視点の効果の源泉は、ひとえに注視点の扱いの巧みさにあることがわかります。つまり、何を映しているか、その映し方がうまいわけです。「城の崎にて」とは反対に、視座の扱い方が巧みな文章もあります。

荒れてあばれたかった。父親の机が書きかけの原稿紙を載せていた。それをげんは睨《にら》んだ。原稿紙がぼうっとしてぼたっと涙が落ちた。

幸田文『おとうと』（新潮文庫）からの引用です。姉であるげんは、愛する弟の碧郎《へきろう》が結核を再発させてしまったことを悔やみます。一方、父親（幸田露伴がモデルです）は、そうした状況のなかでも、非情にも原稿を書きつづけるのです。その様子を見ていたげんは悲しみを抑えきれません。父親の原稿をにらみ、涙を流します。

「原稿紙がぼうっとしてぼたっと涙が落ちた」では、注視点である「原稿紙」がぼうっとしてくることを描写することで、視座であるげんの目が涙を溜めている様子を描いていることに注目してください。じつに巧妙な表現技法だと思います。

視野と視線

視点は、このように、視座と注視点から成り立つわけですが、視座と注視点のあいだには「**視野**」と「**視線**」が存在します。見たいものが視野に入り、見る人とのあいだに障害物がなく、視線が保証されていないと、ものを見ることができません。

次の文章では、見る方向の重要性が含意されています。あたりまえのことですが、人間の目は前にしかついていません。「振り向く」という動作をすることで視野が変わることが示唆されています。

「三枝じゃないか、久しぶりだな」
廊下で呼びとめられて三枝は振り向いた。真鍋の、一メートル八〇センチ、百キロ近い巨体が、視界を遮《さえぎ》るように立っていた。

（赤川次郎『女社長に乾杯！　上巻』新潮文庫）

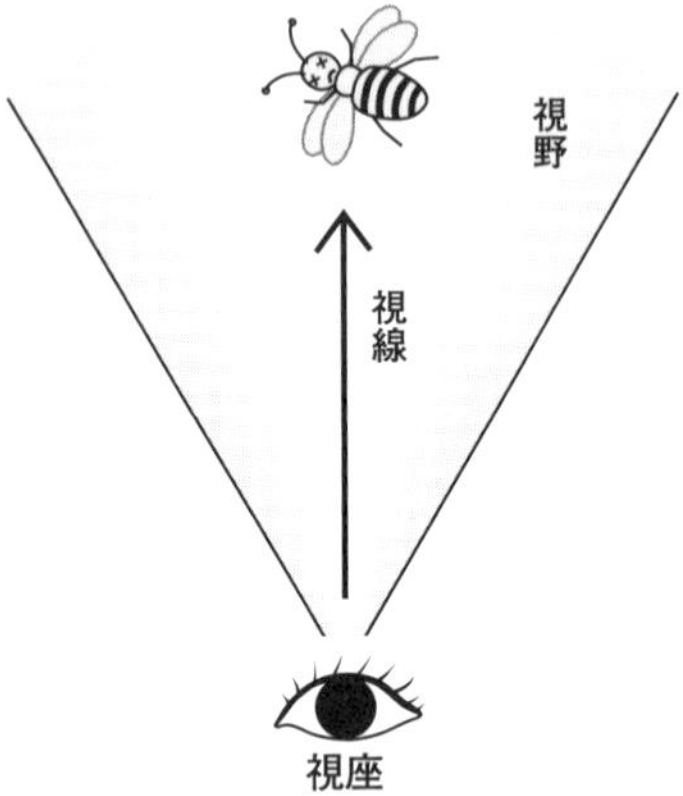

図 ・ 視点の多義性

　また、次の文章では、視座と注視点のあいだに遮蔽物《しゃへい》があることが示されています。その遮蔽物を「襖《ふすま》をあける」という行為によって取りのぞくことで、注視点までの視線が確保されるようになります。

　誰かが苦しんでいる。私は立ち上って六畳のまとのあいだの襖をあけた。妻がすみっこのたんすの下のところで地虫のようにくぐまってうなっていた。

（島尾敏雄「家の中」『私小説名作選』集英社文庫）

　このように、視点には、「視座」「注視点」「視野」「視線」の四つがあり、これらが総合

的に機能して初めて、文章中で「ものが見える」ようになるのです。

視点とカメラワーク

同じ文章を読んだときでも、「視座」「注視点」「視野」「視線」の四つの組み合わせを意識するだけで、そこから得られる視覚的なイメージが今までと確実に違ってきます。そのことを実感するために、ここでは、視点の名手、宮沢賢治の作品を二つ取りあげます。まずは「やまなし」（『新編 風の又三郎』新潮文庫）からです。「やまなし」という作品は五月と一二月という「小さな谷川の底を写した二枚の青い幻燈」から構成されており、今回引用したのは五月の前半です。

二疋《ひき》の蟹《かに》の子供らが青じろい水の底で話していました。
『クラムボンはわらったよ。』
『クラムボンはかぷかぷわらったよ。』
『クラムボンは跳《は》ねてわらったよ。』
『クラムボンはかぷかぷわらったよ。』

上の方や横の方は、青くらく鋼《はがね》のように見えます。そのなめらかな天井《てんじょう》を、つぶつぶ暗い泡《あわ》が流れて行きます。

『クラムボンはわらっていたよ。』

『クラムボンはかぷかぷわらったよ。』

『それならなぜクラムボンはわらったの。』

『知らない。』

つぶつぶ泡が流れて行きます。蟹の子供らもぽつぽつぽつとつづけて五六粒《つぶ》泡を吐《は》きました。それはゆれながら水銀のように光って斜《なな》めに上の方へのぼって行きました。

つうと銀のいろの腹をひるがえして、一疋の魚が頭の上を過ぎて行きました。

〔中略〕

にわかにパッと明るくなり、日光の黄金《きん》は夢《ゆめ》のように水の中に降って来ました。

波から来る光の網《あみ》が、底の白い磐《いわ》の上で美しくゆらゆらのびたりちぢんだりしました。泡や小さなごみからはまっすぐな影《かげ》の棒が、斜めに水の中に並《なら》んで立ちました。

魚がこんどはそこら中の黄金《きん》の光をまるっきりくちゃくちゃにしておまけに自分は鉄いろに変に底びかりして、又上流《またかみ》の方へのぼりました。

「やまなし」という作品の視点の特徴は、川底にいるかにの子どもたちを視座としたところにあります。ふだん川を上から見ることに慣れている私たちの目に、こうした視点の設定は新鮮に映ります。一つ一つの表現に、あたかも二匹のかにの子どもと一緒に水の中にいるような臨場感を覚えながら、川底から見える光景を追体験できることがこの作品の最大の魅力です。

また、この文章は川という空間の立体感や遠近感を味わうこともできます。その立体感や遠近感は、垂直方向への広がりだけでなく、水平方向への広がりを備えています。そうした空間の広がりをとおして、川底にいる私たちは二匹のかにの子どもとともに上を見上げる視線を獲得できるのです。

原文を順に見ていくことにします。まず、「上の方や横の方は、青くくらく鋼のように見えます」という文ですが、「上の方や横の方」という表現で縦の広がりと横の広がりを意識させます。そして、次文の「そのなめらかな天井」で縦の広がりを、「つぶつぶ暗い泡が流れて行きます」で横の広がりを継承します。

次の段落に移り、その二文め「それはゆれながら水銀のように光って斜めに上の方へのぼって行きました」もまた空間的な広がりを感じさせる文です。前の文でかにの子どもが泡を吐いたのですが、その泡が「斜めに上の方へのぼって」行くのです。「斜め」は縦の広がりと横の広がりをあわせもっているため、縦と横の空間的な広がりがいっそう際だちます。

　その次の文の「つうと銀のいろの腹をひるがえして、一疋の魚が頭の上を過ぎて行きました」もまた、川底の視点ならではです。魚の銀色の腹が見え、しかもそれが頭のうえを過ぎていくのは川底を視座としていなければけっして獲得できない視線です。

〔中略〕以降で暗い川底が急に明るくなります。「にわかにパッと明るくなり、日光の黄金は夢のように水の中に降って来ました」とあるとおりです。「日光の黄金は夢のように水の中に降って来ました」という上から下への動きは、先ほどかにの子どもが吐きだした泡の下から上への動きと対称をなし、縦の空間の広がりを強調しています。

　次の文の「波から来る光の網が、底の白い磐の上で美しくゆらゆらのびたりちぢんだりしました」もまた、「波」という水面と「白い磐」という川底を同時に意識させる立体的表現です。そして、すかさず後続の文で「泡や小さなごみからはまっすぐな影の棒が、斜めに水の中に並んで立ちました」と、水面と川底のあいだのすき間が埋められ、縦の空間的広がりがつよく意識されます。書かれてこそいませんが、水面と川底のあいだにも光の網を想像できるしかけになっているので、縦の空間はますます広がっていく感じです。

おしまいの段落の文は「魚がこんどはそこら中の黄金の光をまるっきりくちゃくちゃにしておまけに自分は鉄いろに変に底びかりして、又上流の方へのぼりました」です。先ほど作りあげた縦の空間的広がりを「そこら中の黄金の光をまるっきりくちゃくちゃにして」という表現で壊して見せ、「自分は鉄いろに変に底びかりして」という表現で川底に視座があることを再び意識させます。そして、最後に「上流の方へのぼりました」で横の広がりを確認して終えます。さしずめ、空間を縦横無尽に操る魔術師といったところでしょうか。じつに巧みです。

それでは、もう一つ宮沢賢治の文章を見てみることにしましょう。「銀河鉄道の夜」（『新編　銀河鉄道の夜』新潮文庫）からの引用で、主人公のジョバンニが、親友カムパネルラと銀河ステーションで出会った直後の場面です。二人は銀河鉄道のルートを記した天体の地図を覗《のぞ》きこんでいます。


「ああ、ぼく銀河ステーションを通ったろうか。いまぼくたちの居るとこ、ここだろう。」

ジョバンニは、白鳥と書いてある停車場のしるしの、すぐ北を指《さ》しました。

「そうだ。おや、あの河原《かわら》は月夜だろうか。」

そっちを見ますと、青白く光る銀河の岸に、銀いろの空のすすきが、もうまるでいちめん、風にさらさらさらさら、ゆられてうごいて、波を立てているのでした。

「月夜でないよ。銀河だから光るんだよ。」ジョバンニは云いながら、まるではね上りたいくらい愉快《ゆかい》になって、足をこつこつ鳴らし、窓から顔を出して、高く高く星めぐりの口笛《くちぶえ》を吹《ふ》きながら一生けん命延びあがって、その天の川の水を、見きわめようとしましたが、はじめはどうしてもそれが、はっきりしませんでした。けれどもだんだん気をつけて見ると、そのきれいな水は、ガラスよりも水素よりもすきとおって、ときどき眼《め》の加減か、ちらちら紫《むらさき》いろのこまかな波をたてたり、虹《にじ》のようにぎらっと光ったりしながら、声もなくどんどん流れて行き、野原にはあっちにもこっちにも、燐光《りんこう》の三角標が、うつくしく立っていたのです。遠いものは小さく、近いものは大きく、遠いものは橙や黄いろではっきりし、近いものは青白く少しかすんで、或《ある》いは三角形、或いは四辺形、あるいは電《いなずま》や鎖《くさり》の形、さまざまにならんで、野原いっぱい光っているのでした。ジョバンニは、まるでどきどきして、頭をやけに振《ふ》りました。するとほんとうに、そのきれいな野原中の青や橙や、いろいろかがやく三角標も、てんでに息をつくように、ちらちらゆれたり顫《ふる》えたりしました。

「銀河鉄道の夜」の視点の特徴は、人間の目に映るものの見え方を、視座と注視点、その両面から合理的に描きだしているところにあります。

まず、視座から見ていきます。文章において読み手に明瞭な視覚的イメージを持たせるためには、視座をしっかり設定することから始めることが大切です。「銀河鉄道の夜」のこの場面では、その視座の設定がじつに巧みです。

ジョバンニは、「あの河原は月夜だろうか」というカムパネルラの言葉で顔を上げ、「そっちを見ますと」銀河の幻想的な光景に目を奪われます。そこで、「窓から顔を出して〜一生けん命延びあがって、その天の川の水を、見きわめようとしま」す。しかし、目が慣れないせいか、最初ははっきりとは見えません。けれども、「だんだん気をつけて見ると」、鮮やかな景色が細部まで見えてくるようになります。ジョバンニはその景色に夢中になって興奮してしまい、「まるでどきどきして、頭をやけに振りま」す。すると、「ほんとうに、そのきれいな野原中の青や橙や、いろいろかがやく三角標も、てんでに息をつくように、ちらちらゆれたり顫えたり」するのです。

当初ははっきりと見えなかったものが、目が慣れるにしたがって細部まで見えるようになる描写にはリアリティがありますし、「窓から顔を出して〜一生けん命延びあが」る様子や、「頭をやけに振」って周囲の景色の見え方を変えるジョバンニの動作に子どもらしいものの見方がかいま見られます。

一方、「銀河鉄道の夜」のこの場面では、注視点の鮮やかさに際だった個性があります。まず、色や光が多彩です。「月夜」「青白く光る銀河」「銀いろの空のすすき」「ガラスよりも水素よりもすきとおって」「紫いろのこまかな波をたてたり」「虹のようにぎらっと光ったり」「燐光の三角標」「橙や黄いろではっきりし」「青白く少しかすんで」「野原いっぱい光っている」「野原中の青や橙や、いろいろかがやく三角標」といった表現が次々に登場し、脳内に浮かぶ画像から色があふれんばかりです。いったい何色使われているのでしょう。

また、見え方に遠近性・空間性があります。圧巻は「遠いものは小さく、近いものは大きく、遠いものは橙や黄いろではっきりし、近いものは青白く少しかすんで、或いは三角形、或いは四辺形、あるいは電や鎖の形、さまざまにならんで、野原いっぱい光っているのでした。」の部分です。遠近感あふれる映像が文字をとおして鮮明に伝わってきます。

さらに、見え方に動きがある点も特徴的です。「風にさらさらさらさら、ゆられてうごいて、波を立てている」「ちらちら紫いろのこまかな波をたてたり、虹のようにぎらっと光ったりしながら」「てんでに息をつくように、ちらちらゆれたり顫えたりしました」といった、オノマトペを効果的に使った表現が、この場面の幻想性に花を添えています。

一人称視点と三人称視点

視点は人称と深い関係があります。主人公が「私」のような**一人称**で表現される場合、一人の登場人物の内側から物語世界を眺めることになります。一方、主人公が「次郎」のような**三人称**の場合、主人公もふくめ、登場人物を外側から描くことになります。

しかし、それは建て前であることが多く、主人公が三人称で描かれていても、一人称視点になっている場合もあります。次の二つの文章はいずれも主人公が横になる場面を描いていますが、一方は主人公の内側から、もう一方は主人公の外側からとらえられた視点です。

宗助《そうすけ》は先刻《さつき》から縁側《えんがわ》へ坐蒲団《ざぶとん》を持ち出して、日当りの好さそうな所へ気楽に胡坐《あぐら》をかいて見たが、やがて手に持っている雑誌を放り出すと共に、ごろりと横になった。秋日和《あきびより》と名のつくほどの上天気なので、往来を行く人の下駄《げた》の響が、静かな町だけに、朗らかに聞えて来る。肱枕《ひじまくら》をして軒から上を見上げると、奇麗《きれい》な空が一面に蒼《あお》く澄んでいる。その空が自分の寝ている縁側の、窮屈な寸法に較《くら》べて見ると、非常に広大である。たまの日曜にこうして緩《ゆっ》くり空を見るだけでもだいぶ違うなと思いながら、眉《まゆ》を寄せて、ぎらぎらする日をしばらく見つめていたが、眩《まぶ》しくなったので、今度はぐるりと寝返りをして障子《しょうじ》の方を向いた。障子の中では細君が裁縫《しごと》をしている。

（夏目漱石「門」『夏目漱石全集6』ちくま文庫）

午後四時半ごろになって大森は外から帰って来たが室《へや》にはいるや、その五尺六寸という長身を座敷のまん中にごろりと横たえて、大の字になってしばらく天井を見つめていた。四角な引きしまった顔には堪えがたい疲労の色が見える。洋服を脱ぐのもめんどうくさいらしい。

まもなくお清《きよ》がはいって来て「江上《えがみ》さんから電話でございます。」

大森ははね起きた。ふらふらと目がくらみそうにしたのを、ウンとふんばって突っ立った時、彼の顔の色は土色をしていた。

けれども電話口では威勢のよい声で話をして、「それではすぐ来てください」と答えた。

室《へや》にかえるとまたもごろりと横になって目を閉じていたが、ふと右の手をあげて指で数を読んで何か考えているようであった。やがてその手がばたり畳に落ちたと思うと、大いびきをかいて、その顔はさながら死人のようであった。


（国木田独歩「疲労」『号外・少年の悲哀　他六篇』岩波文庫）


「門」は「宗助」の目をとおして外の世界を眺めている感じ、「疲労」は『大森』のことを外から観察している感じがしたと思います。その証拠に、「宗助」のほうは「私」で置き換えても抵抗なく読めますが、「大森」のほうは「私」で置き換えることは困難でしょう。

そうした印象は作品の表現によって形作られています。「門」の場合でいうと、一人称視点らしさは、空間的な表現や視覚的な表現によって形作られています。たとえば、「聞えて来る」や「上を見上げる」というのは私を中心とした位置関係です。「自分の寝ている縁側」を澄んだ空と比較するのもやはり宗助を視座としていなければ説明がつきません。

一方、「ぎらぎらする日をしばらく見つめていたが、眩しくなったので、今度はぐるりと寝返りをして障子の方を向いた。障子の中では細君が裁縫をしている」というあたりは視覚的な表現によって、宗助が視座であることが明確になっています。「ぎらぎらする日」を見つめていて眩しいと感じたり、寝返りを打って顔の向きが変わったら妻の裁縫が目に入るというのは宗助が視座でなければ理解不可能です。

一方、「疲労」は、大森を外から見ていなければわからない描写が数多く出てきます。とくに、顔の描写が特徴的で、「顔には堪えがたい疲労の色が見える」「彼の顔の色は土色をしていた」「その顔はさながら死人のようであった」は、鏡でも見ていないかぎり、本人からはわかりえない情報です。

また、文末表現も大森を外からとらえていることを暗示しています。「洋服を脱ぐのもめんどうくさいらしい」の「らしい」や、「何か考えているようであった」の「ようであった」は、もし大森に視座があれば不要な表現です。大森本人でないからこそ、こうした表現が必要になるのです。

このように、優れた文学作品の場合、一つ一つの表現が視点というものを形作り、読み手が一貫性を持って物語の場面をたどれるようなしかけになっています。しかし、それを映像として再現できるかどうかは読み手の力量次第です。視覚的な表現が有機的に配列されていても、それに気づかずに素通りすることをくり返しては、作品世界の魅力は浮かびあがってきません。ある作品を読んでみて退屈だと感じられたとき、退屈な原因は、作品自体にではなく読者自身にあるかもしれないのです。

視点のメカニズムを知ることは、作品世界の魅力を知ることと直結しています。

◎**「視覚化ストラテジー」のポイント**

文章中に描かれている場面を鮮明に映像化して読むためには、次のことを意識する。

①視覚的なイメージを喚起する表現に着眼し、そうした表現を手がかりに映像を再現する。

②視覚に関わる描写を、視座・注視点・視野・視線の四つの組み合わせとして、分析的に理解する。

③一人称視点か三人称視点かを峻別し、それを軸に一貫した視点を構成する。

第六章　予測ストラテジー　次の展開にドキドキする力

予測とは何か

読み手は文章を理解するときに**予測**というストラテジーを使っていると考えられます。もし予測をしていないとするならば、読み手が長い文章を短時間で効率よく理解できるという事実の説明がつかないからです。予測があることで、読み手は後続の内容を迅速かつ的確に理解することができます。

気をつけなければいけないのは、予測という用語はしばしば意味を誤解されて使われるという点です。

予測というと、読まなくても次に来る内容がわかることと思われがちです。たしかに次に来る内容がわかる予測もあるのですが、そうした予測はさほど多くはありません。もし次に来る内容がすべてわかるのであれば、読み手は次を読む必要を感じなくなり、読む意欲がそがれてしまいます。

予測というのは、今読んでいる内容の延長線上に後続文脈を想定することで、次に来る内容を限定する行為です。もし次に来る内容の候補が無数にあるとしたら、読み手が次の内容を汲みとる処理に大きな負荷がかかり、理解がスムーズに進まなくなってしまいます。**予測は、後続文脈の候補を絞ることで理解の進行を効率的かつ効果的にするのがその基本的な働きです**（Smith 1971）。

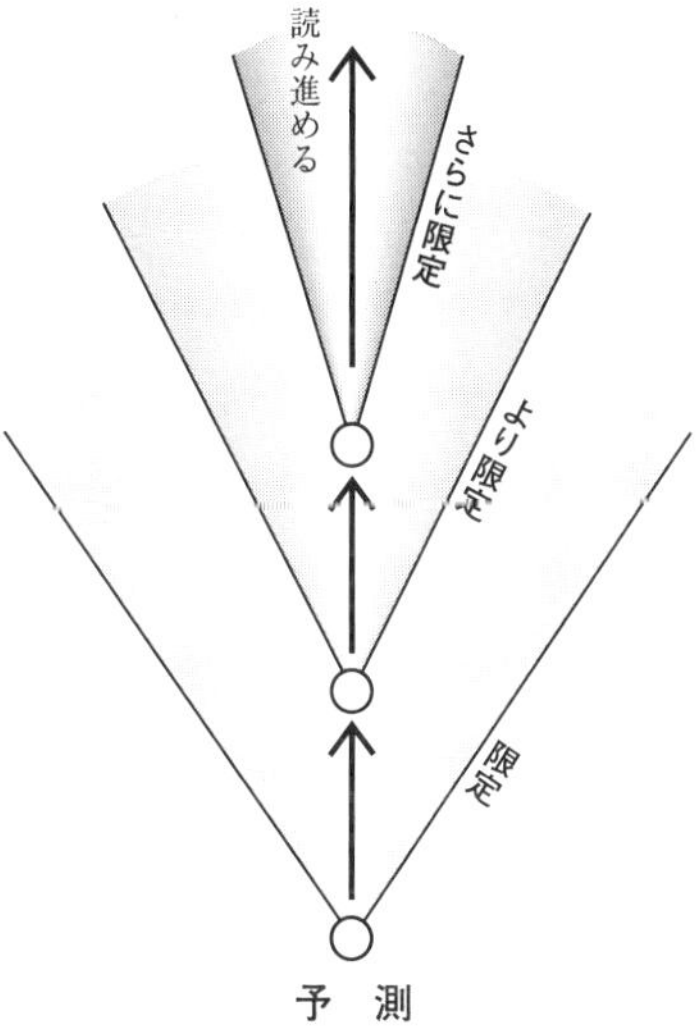

図・後続文脈の候補を絞る予測のプロセス

予測にかんするもう一つの誤解は、予測が意識的・積極的におこなわれる行為であると考えられがちな点です。たしかに今読んでいる内容から目を離して、「これから話はどう展開して、どのようなエンディングを迎えるのだろう」と展開を意識的に探る予測もあるにはありますが、**多くの予測は読んでいるプロセスのなかでなかば自動的に起こります。**

予測は、読み手がスキーマを利用してトップダウン処理による理解をおこなっているところから生じるものです。あるスキーマが活性化されれば、後続の展開は芋づる式に見えてきます。その芋づるが予測ということになります。

関係の予測と内容の予測

予測というのは、確かめるのが難しいものです。というのは、文章理解のなかで予測をしていたとしても、その予測にたいする具体的な答えがすぐあとに出てきてしまい、予測をしているという実感を持ちにくいのです。

ただ、予測が実感できる場合がないわけではありません。**読み手がある文章を流れに乗って理解できていると感じられるとき、予測は頭のなかで確実に起きています。**そのような状況下では、読み手は「次に何が来るのかな」と、後続の内容を期待しながら読んでいます。

次の文章を読み、自分の頭のなかで予測がどのように起きているか、内省をとおして観察してください。

①息子が小学三年生のころ、競馬場に連れて行ったら、こんな作文を書いた。「②きょうパパとけいばにいきました。③けいばは、1レースから12レースまであります。④1レース、パパがいいました。⑤『しめしめ、おもったとおりだ』。⑥2レース、『またあたったぞ』。⑦3レース、『ぼうず、ほしいものは、なんでもかってやるよ』……⑧12レースがおわって、パパはばけんをやぶりました。⑨そして、うつむいていいました。⑩『きびしいなあ』」

（石川喬司「人はなぜ競馬をするか」『競馬読本』福武文庫）

まず①を読むと、書き手の息子が小学三年生のころ、競馬場に連れて行ったときに書いた「こんな作文」がどんな作文なのだろうと予測します。

②「きょうパパとけいばにいきました」を読むと、息子が競馬場で見聞きしたことがこれから書かれるのだなと予測します。

③「けいばは、1レースから12レースまであります」は競馬の説明です。勘のよい読み手

なら、1レースから順に説明されるのではないかと予測します。勘のさほどよくない読み手でも、④「1レース」、⑥「2レース」と読みすすめるうちに、各レースが順に語られていくことが予測できるでしょう。

④「1レース、パパがいいました」では、パパが言った内容が省略されています。そこで、パパが何を言ったのか、省略されている内容を予測します。

⑤「しめしめ、おもったとおりだ」は、パパの馬券が当たったことを暗示しています。そこで、その事実を明確化する内容、たとえば、馬券の説明（パパの買った馬券が当たったようです）やパパの反応（パパは嬉しそうにしています）を予測します。しかし、この予測は原文では実現しません。

⑥「またあたったぞ」や⑦「ぼうず、ほしいものは、なんでもかってやるよ」でも、パパの馬券が当たっていることがわかります。そのため、笑顔やガッツポーズなど、パパの嬉しそうな反応が来てもよさそうなものですが、ここでもその予測は実現しません。ただ、レースの描写が順に展開されるという予測だけは当たりつづけます。

⑧「12レースがおわって、パパはばけんをやぶりました」は、パパの馬券が外れたことを暗示しています。そこで、その事実を明確化する内容を予測します。ここでは、その予測が

パパの発言という形で⑩で実現します。

⑨「そして、うつむいていいました」はダメ押しです。④と同じようにパパが言った内容が省略されているのですが、ここではその言った内容がだいたい想像できます。そこが④との大きな違いです。「ばけんをやぶ」って「うつむいてい」うわけですから、外れたことにたいする率直な感情が吐露されることを予測します。そして、⑩「きびしいなあ」がその予測の答えになるわけです。

予測について簡単に観察した結果、予測について興味深い事実がわかります。ここではそれを三つ挙げておきましょう。

第一は、読み手は一文を読むごとに、次の文を読む姿勢ができあがっているということです。これが予測です。

第二は、予測には種類があるということです。一つは、後続文脈の候補を限定する働きにとどまる「**関係の予測**」、もう一つは、後続文脈の内容まで具体的にイメージできる「**内容の予測**」です。

「関係の予測」では、表現形式によって誘発される形式スキーマが予測に影響を及ぼします。たとえば、①の「こんな作文」、④の「1レース、パパがいいました」の「〜と」の省略がそれに相当します。

「内容の予測」では、話題によって誘発される内容スキーマが予測に影響を及ぼします。たとえば、⑨「そして、うつむいていいました」の言った内容が馬券の外れた感想だというものです。これは、「うつむいて」という動作、それと、直前の文の「パパはばけんをやぶりました」という動作が相まって起こった予測です。

「関係の予測」と「内容の予測」は別物ではありません。たとえば、⑨「そして、うつむいていいました」では、「〜と」の部分が省略され、何を言ったのかを次に予測することになります。その点では「関係の予測」です。ただ、それにくわえて、何を言ったのかの中身まで想像できるという点が、④「1レース、パパがいいました」とは違うのです。

予測についてわかる興味深い第三の事実は、予測が外れる場合があるということです。⑤「しめしめ、おもったとおりだ」、⑥「またあたったぞ」、⑦「ぼうず、ほしいものは、なんでもかってやるよ」のあとにはパパの喜びの表情や行動が描かれてもおかしくないところですし、読み手もそうした予測を働かせたくなるところです。しかし、原文ではあっさりと次のレースの描写へと移ってしまいます。

ですが、せっかくおこなわれた予測が役に立たないわけではありません。そこでおこなわれた予測は、確実に読者の想像をふくらませるのに役に立っています。これは、第八章で紹介する「行間を読む」というストラテジーに当たります。

予測は、書かれていることから書かれていないことを想像する、いわゆる推論の一種です。推論の一部は予測として働き、当たった予測はスムーズな読みとりに貢献します。しかし、**外れた予測もまた行間を埋め、書かれていない内容を豊かにするのに貢献する**のです。

謎解きと予測

「関係の予測」は大きく分けて、「**深める予測**」と「**進める予測**」があります。「深める予測」は、文章のなかに謎を置き、その謎をめぐって文章を展開するものです。次の文章を読んでください。

①心の片隅に貼りついてしまったシールのように、剝がそうとしてもなかなか剝がすことのできない一枚の写真がある。

②平成8年3月13日に発行された「週刊将棋」の13面というあまり目立たない場所にひっそりとそのモノクロ写真は掲載された。

③ダイレクトに胸を衝く、衝撃的な写真だった。④それを見た瞬間に私は確かに何かが、たとえば鋭利な硝子《ガラス》の破片が胸に突き刺さったような痛みを覚えた。⑤一人のセーター姿の青年ががっくりと首を落として座りこんでいる。⑥場所は東京将棋会館4階の廊下の片隅である。⑦青年は膝を抱え腕の中に顔を埋めるようにして、へたりこんでいる。⑧精も根も尽き果て、まるで魂を何ものかに奪われてしまったかのようにうなだれている。⑨その日一日で、まるで大波に弄ばれる小船のようにくるくると変わっていった自分の運命への驚きを隠そうともせず、受け入れることも嚥下《えんか》することもできず、また涙さえ流すこともできずにただ茫然と座りこんでいる。

⑩その姿をカメラは冷酷にとらえていた。

⑪写真は3月7日に行われた第18回奨励会三段リーグ最終日に写されたもので、被写体は中座《ちゅうざ》真《まこと》四段である。

（大崎善生『将棋の子』講談社）

文章は、冒頭の①「一枚の写真」をめぐって展開されています。②ではいつ撮影された写真かが示され、③と④では、その写真が見るものにいかに大きなインパクトを与えるかが述べられています。しかし、「一枚の写真」が何の写真であるかは明かされません。読み手は、ここで描写されている写真がどんな写真なのか、知りたい気持ちが高まります。

⑤でようやく被写体が「一人のセーター姿の青年」であることが明かされ、⑥で場所が「東京将棋会館4階の廊下の片隅」であると記されます。しかし、「一人のセーター姿の青年」が誰なのかがわかりませんし、この青年がなぜ⑤「がっくりと首を落として座りこんでいる」のかもわかりません。読み手はこの謎を解明すべく次の文章を読むことになります。

⑦~⑨では、謎を解明するどころか、⑤「がっくりと首を落として座りこんでいる」の部分を詳細に描くことでかえって謎が深まっています。ただ、⑨の描写によって、その日、その場所で、その青年の運命を左右する大きな事件が起きたことがわかり、それがのちの文脈を解明するためのヒントの役割を果たしています。

⑪でようやく「一人のセーター姿の青年」が中座真四段（当時）であることがわかります。将棋ファンのあいだでは、「中座飛車」という戦法の創始者としてその名前を知られている棋士です。現在では実力者として将棋界でその名を知られる中座氏も、将棋のプロ棋士になるまでは苦労を重ねました。二六歳の年齢制限をまえにして、将棋のプロになるための最終

関門である三段リーグの、絶対に負けられないはずの最終局に敗れます。しかし、その直後、競争相手がことごとく敗れたため、奇跡的に四段昇段を果たし、念願のプロ棋士になるのです。①「一枚の写真」は、そのときの奇跡の瞬間を写したものです。

この文章は、将棋のプロ棋士になることの厳しさを描いた『将棋の子』という作品の冒頭ですが、こうした手法はショートショートなどでもよく使われます。

一方、国語の教科書などに出てくる説明文にも「深める予測」を軸にした文章展開はよく用いられます。次の文章は新聞記事の例で、毎日新聞のイギリス支局の特派員がイギリスの立場から書いたと見られる文章です。

①日曜朝の高速道路をよく手入れされたクラシックカーが何台も続いて走っていく。②運転しているのはみな老人だ。③対日戦争終結記念フェスティバルが行われるオックスフォード近郊のブレナム宮殿を目指し、ハンドルを握っていた。

④日本の終戦記念日、欧州ではＶＪデー（対日戦勝記念日）にあたる15日をはさみ、英国各地でさまざまな行事が開催された。⑤ロンドンの帝国戦争博物館前にはビルマ戦線に従軍した元兵士らが静かに集まった。

⑥戦後60周年の今年、元兵士らの感傷は格別だったはずだ。⑦大半が80代。⑧「70周年」には来られまい、という覚悟。⑨だがそれだけではない。⑩東南アジアで戦った英軍兵士たちは「忘れられた部隊」と母国で呼ばれる。⑪欧州の戦争は日本降伏の3カ月前に終わり、英国本土は平和を取り戻していた。⑫遠いアジアでまだ戦い続ける兵士たちがいたことを、どれだけ多くの人が気に留めていたろうか。⑬「忘れられたまま、この世界から消えていく」ことへの悲しみが募るのである。⑭英国在郷軍人会がＶＪデーに合わせて公表した調査によると、11歳から18歳の英国の若者で、８月15日がＶＪデーと知っている者はたった２％。⑮同会のタウンゼント事務局長は言う。⑯「アジア戦線の兵士たちは、他の戦線の兵士と比べ、自分たちの努力がほとんど理解されていないことに失望している」⑰戦死者も、生き残ってそして死んでいく人たちも、彼らにあるのは栄誉を欲する心ではないだろう。⑱ただ、覚えていてほしい、という痛切な思いにほかならない。

（小松浩「忘れられた部隊」『毎日新聞』二〇〇五年八月一八日朝刊）

予測を深める様子を一つ一つ確認していきましょう。

①「日曜朝の高速道路をよく手入れされたクラシックカーが何台も続いて走っていく」から思いうかぶ予測は「なぜ」でしょう。日曜朝の高速道路で起こる光景としてはきわめて珍しく、その背後には何か理由があると考えられるからです。②「運転しているのはみな老人だ」では「なぜ」が深まります。運転手はなぜみな老人なのでしょうか。その疑問は次の文でほぼ解消されます。③「対日戦争終結記念フェスティバルが行われるオックスフォード近郊のブレナム宮殿を目指し、ハンドルを握っていた」。つまり、老人は、以前連合国の一員として日本との戦争に加わった退役軍人と考えればつじつまが合うのです。

④「日本の終戦記念日、欧州ではVJデー（対日戦勝記念日）にあたる15日をはさみ、英国各地でさまざまな行事が開催された」では、「さまざまな行事」が気になります。たとえば、どんな行事があるのでしょうか。その答えは、⑤「ロンドンの帝国戦争博物館前にはビルマ戦線に従軍した元兵士らが静かに集まった」が明らかにしています。

⑥「戦後60周年の今年、元兵士らの感傷は格別だったはずだ」では「格別だった」に引っかかりを覚えます。なぜ「60周年」が格別なのでしょうか。その予測にたいする答えは直後の文で示されます。⑦「大半が80代」。⑧「『70周年』には来られまい、という覚悟」がそれです。しかし、⑨「だがそれだけではない」と続き、60周年が格別な理由がそれ以外にある

ことを暗示され、予測が深まります。

⑩「東南アジアで戦った英軍兵士たちは『忘れられた部隊』と母国で呼ばれる」では別の疑問が生じます。なぜ、東南アジアで戦った英軍兵士が「忘れられた部隊」と呼ばれるのでしょうか。答えは、直後の三文で明らかになります。⑪「欧州の戦争は日本降伏の３カ月前に終わり、英国本土は平和を取り戻していた」、⑫「遠いアジアでまだ戦い続ける兵士たちがいたことを、どれだけ多くの人が気に留めていたろうか」、⑬「『忘れられたまま、この世界から消えていく』ことへの悲しみが募るのである」がその答えです。そして、⑬のまとめは、⑨「だがそれだけではない」の予測の答えにもなっています。

⑭「英国在郷軍人会がＶＪデーに合わせて公表した調査によると、11歳から18歳の英国の若者で、８月15日がＶＪデーと知っている者はたった２％」では、忘れられた部隊が今も忘れられており、間もなく完全に忘れさられてしまう危機に瀕《ひん》していることが語られます。⑮「同会のタウンゼント事務局長は言う」は、引用の「～と」の部分を省略することで、予測を誘発するようにできています。省略された内容は、⑯「アジア戦線の兵士たちは、他の戦線の兵士と比べ、自分たちの努力がほとんど理解されていないことに失望している」という「忘れられた部隊」の悲壮感です。

⑰「戦死者も、生き残ってそして死んでいく人たちも、彼らにあるのは栄誉を欲する心ではないだろう」では、文章が締めくくりの段階で新たな疑問を提示します。「栄誉を欲する心ではないだろう」という否定文を用いることで、「じゃあ、何なの?」という予測を読み手の心のなかに引きおこすのです。その答えとして、⑱「ただ、覚えていてほしい、という痛切な思いにほかならない」という「忘れられた部隊」の心の叫びが示されて、文章が閉じられます。

予測を軸に文章を眺めていくと、**文章理解は、文章を介した書き手と読み手の対話**だということに気づかされます。優れた書き手は、読み手の理解に必要な問いを周到に準備し、それに答える形で文章を書きすすめます。一方、優れた読み手は、文章を読む過程で適切な問いを発し、その答えを文章から得ながら理解を深めます。したがって、読み手が予測を的確にできるようになると、書き手の意図を正確かつ効率よく汲みとれるようになるのです。

展開と予測

「関係の予測」のうち、「深める予測」については考察しましたので、つぎに「進める予測」について見ることにします。予測を意識して次の文章を読んでください。

①イタリアを旅行し、あぜんとする出来事に遭った。②「アンビリーバブル（信じられない）！」。③日の前の紳士が叫んだその言葉が、いまだに耳から消えない。

④日程の最終日。⑤ロンドンへの帰路、水の都ベネチアの飛行場でのことだった。⑥出発まで時間があり、軽食を取りながら、時折、飛行機の発着状況を示すテレビ画面に注意を払っていた。

⑦搭乗予定の便名がなかなか出てこない。⑧「遅れているんだろ」。⑨そう決め込んでのんびりしていた。⑩出発予定時刻から1時間を切る。⑪家族連れでもあり、航空券をもう一度入念にチェックした。⑫便名に間違いはないが、何か変だ。

⑬もしかして……。⑭航空会社のカウンターに向かうとだれもいない。⑮まさか、と嫌な予感。⑯航空会社の事務所の場所を聞き、飛行場2階に息を切らしながらダッシュした。

⑰事務所には貫録のある紳士が1人、留守番をしていた。⑱「この航空券を持っているんですが」。⑲チケットを調べた紳士は絶叫とともに言い放った。⑳「こんな便は存在しない。㉑ロンドン行きの便も今日はもうない。㉒こんな経験は初めてだ」

㉓問題のチケットには「記載の便以外は利用できません」と書いてある。㉔「?·?·」。㉕一瞬、もう一泊ベネチアかとあきらめかけた。㉖しかし、運航状況を調べた後で、その紳士は言った。㉗「君は幸運だ。㉘別の会社で出発が遅れている便がある。㉙チケットを変更するから、走ってくれ。㉚あと10分だ」。㉛家族4人、荷物を持って再び走らされ、何とかその日のうちにロンドンまでたどり着けた。

㉜この話をすると、知人は「イタリアらしいな」と笑った。㉝勘違いも甚だしい。㉞チケットは世界的に有名な英国の旅行代理店を通して買った、英国のナショナル・フラッグのものだ。

㉟国のイメージ、偏見とは怖い。

（笠原敏彦「幻の航空券騒動 イタリアを笑えぬ英」『毎日新聞』二〇〇〇年二月一五日朝刊）

この文章は、流れに乗って読めるタイプの文章です。とくに、飛行機に日常的に乗る人は、内容スキーマの働きで、あっという間に読みおえることができそうです。

冒頭の①には「イタリアを旅行し、あぜんとする出来事に遭った」とあります。「あぜんとする出来事」なので、書き手はどんな出来事に遭ったのだろうかと読み手は知りたくなります。②「アンビリーバブル（信じられない）！」、③「目の前の紳士が叫んだその言葉が、いまだに耳から消えない」という表現によって読み手の想像力はさらにかきたてられます。この予測はすぐには実現せず、文章全体をとおして答えられることになります。

④から始まる段落は、⑦以降の展開の状況設定をしている段落と見ることができます。まず、④「日程の最終日」、⑤「ロンドンへの帰路、水の都ベネチアの飛行場でのことだった」で日時と場所を設定します。そして、⑥「出発まで時間があり、軽食を取りながら、時折、飛行機の発着状況を示すテレビ画面に注意を払っていた」で具体的な状況が導入されます。ここまでの予測は「深める予測」です。

⑦からは、いよいよ「進める予測」に入ります。⑦「搭乗予定の便名がなかなか出てこない」は、トラブルのにおいがする文です。心配になった書き手の反応が予測されます。この予測は直後の⑧「遅れているんだろ」ですぐ解消されますが、それに続く⑨では「決め込んで」という表現が気になります。補助動詞「込む」は思いこみや勘違いを含みとする表現なので、「遅れているんだろ」では済まない展開になりそうです。

⑩「出発予定時刻から1時間を切る」はより切迫した状況を伝えています。⑨「のんびり

していた」書き手も、この状況の変化に対応する必要が出てきます。⑪ではその具体的な対応策として、書き手の「航空券をもう一度入念にチェック」する行動が描かれます。「チェックした」はその結果を予測させる表現であり、事実、次の⑫では「便名に間違いはない」というチェックの結果が示されますが、同時に「何か変だ」とも指摘されています。「何か変だ」と言われたら、何が変なのか、読み手としては知りたくなります。しかし、その「何か」はすぐには明かされません。

⑬「もしかして……」でその「何か」に思いあたった書き手が問題を解決するために行動することが予測されます。そして、⑭「航空会社のカウンターに向かう」わけですが、そこには⑭「だれもいない」のです。書き手は、説明をしてくれる別の相手をさらに探さなければならなくなります。そこでも予測が働きます。

⑮では、⑬の「もしかして……」が「まさか」に変わっています。「まさか」に変わったことで状況に切迫感がさらに加わり、それに対応する書き手の行動もますますペースを増していきます。向かった先は問題の航空会社の事務所のある⑯「飛行場2階」です。書き手はそこにむかって「ダッシュした」ので、その結果がどうなったかを予測したくなります。

⑰「事務所には貫録のある紳士が1人、留守番をしていた」ので、書き手がその紳士を相

手に交渉することが予測できます。同時に、「紳士」という語が、冒頭で見た書き手の目の前で叫んだ「紳士」と重なりあう予感がします。もし、その仮説が正しければ、ここで「あぜんとする出来事」が起こり、この「紳士」が「アンビリーバブル！」と叫ぶはずです。

予想どおり、書き手は紳士に話しかけ、⑱で手に持っていたチケットを見せ、紳士の回答を待ちます。ここでも予測が働きます。紳士は⑲「絶叫とともに言い放」ち、絶叫が②の「アンビリーバブル！」と重なります。ただ、「言い放った」内容は示されていないので、その内容は後続文脈に予測せざるをえません。⑳「こんな便は存在しない」、㉑「ロンドン行きの便も今日はもうない」、㉒「こんな経験は初めてだ」。立てつづけに紳士のことばが出てきます。この紳士の言葉に書き手がどう対応するのか、読み手は固唾《かたず》をのんで見守ります。

㉓には、予想もしない紳士のことばに呆然として問題のチケットを見つめる書き手の姿が描かれています。いったいどうすればよいのかという思いが㉔「？・？」に表れています。

㉕では、紳士のことばを聞き、チケットの記載を見た書き手の対応が描かれています。内容そのものは厳しい現実を受けいれようとしたものですが、「一瞬」「かけた」という二つの表現が、逆接の展開を予感させます。「一瞬」はその瞬間だけの心理状態を示していますし、「かけた」は完全にはあきらめてはいないことを暗に示しているからです。

㉖では、㉕の逆接の予測を承《う》けて、「しかし」で始まる文になっています。⑲と同様、何を言ったかの「何を」の部分が省略され、次の文への予測となります。また、「運航状況を調べた後で」の紳士の発話なので、「しかし」とあいまって、イギリスへ帰れる便があるという内容の予測まで可能なところです。

㉗では「君は幸運だ」と紳士が述べていますので、幸運の内容の説明を予測します。㉘「別の会社で出発が遅れている便がある」のが幸運なのですから、この便に乗れるという内容の予測が働きます。㉙「走ってくれ」、㉚「あと10分だ」と言われたら、書き手とその家族は当然走るでしょう。ここでも予測が働いています。

㉜からは「あぜんとする出来事」の場面を離れ、その場面を知人と振り返る別の場面へと移ります。知人の「『イタリアらしいな』と笑った」というその笑いにたいする書き手の反応が予測されます。㉝における書き手の反応は強いもので、知人の「イタリアらしいな」ということばにたいし「勘違いも甚だしい」というのです。どうして知人のことばが勘違いなのか、理由が知りたくなります。その予測にたいして、㉞「チケットは世界的に有名な英国の旅行代理店を通して買った」ものだからだとして示され、そして、最後に㉟「国のイメージ、偏見とは怖い」という警句的な趣旨の文が付加され、文章が閉じられます。

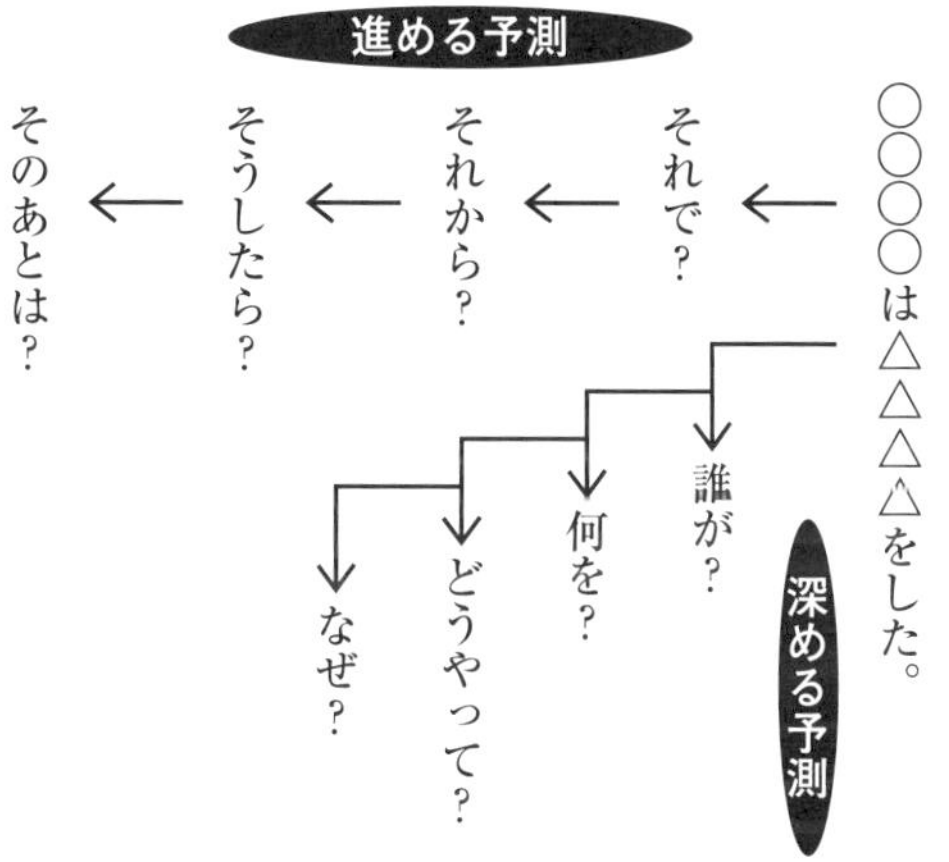

図・深める予測と進める予測

「進める予測」は、次に何が起こるのか知りたくなる予測です。

「誰が」「何を」「どうやって」「なぜ」など、足りない情報が補足されるのを期待するのが「深める予測」だとしたら、「それで」「それから」「そうしたら」「そのあとは」を期待するのが「進める予測」ということになるでしょう。子どもが親から童話を読み聞かせてもらっている場合には、実際にこうした疑問の言葉が子どもの口をついて出てくることもあるでしょう。もちろん、大人が文章を読むときにはそうした疑問の言葉を口にすることはありませんが、文章理解が問題解決の過程であるというとらえ方は、心理学を中心に、現在でも有力な考え方の一つとなっています。

予測とレトリック

ここまでは、後続文脈の候補を絞る「関係の予測」について「深める予測」と「進める予測」に分けて見てきました。ここからは、次に来る内容の具体的な中身まで予測する、内容の予測について見ることにしましょう。通常、具体的な中身までわかってしまっては読む楽しみが失《う》せるものですが、そうでない文章もあります。

その代表が怪談などの**恐怖の文章**です。怖い文章は、怖いとわかっているから怖さが増すものです。おばけ屋敷を想像してみればすぐにわかるでしょう。

次の文章は、志賀直哉の「剃刀《かみそり》」（『恐怖特急』集英社文庫）という作品の結末部で、剃刀使いの名人である床屋の芳三郎の話です。芳三郎は完璧主義者で、剃刀で客の顔を傷つけたことがないことを誇りにしています。ところが、体調を崩しながら忙しく仕事をしているうえに疲労が重なり、今までにない残酷な感情が芽生えます。そんなときカンに触る若い客の咽《のど》をかすかに傷つけてしまいます。

傷は五分《ぶ》程もない。彼は只それを見詰めて立った。薄く削がれた跡は最初乳白色をしていたが、ジッと淡い紅《くれない》がにじむと、見る見る血が盛り上って来た。彼は見詰めていた。血が黒ずんで球形に盛り上って来た。それが頂点に達した時に球《たま》は崩れてスイと一ト筋に流れた。この時彼には一種の荒々しい感情が起った。

嘗《かつ》て客の顔を傷つけた事のなかった芳三郎には、この感情が非常な強さで迫って来た。呼吸は段々忙《せわ》しくなる。彼の全身全心は全く傷に吸い込まれたように見えた。今はどうにもそれに打ち克《か》つ事が出来なくなった。……彼は剃刀を逆手《さかて》に持ちかえるといきなりぐいと咽をやった。刃がすっかり隠れる程に。若者は身悶《みもだ》えも仕なかった。

一寸間《あいだ》を置いて血が迸《ほとば》しる。若者の顔は見る見る土色に変った。

「この時彼には一種の荒々しい感情が起った」から話は急展開します。まさか、はんとうに傷害事件が起きるのかという半信半疑の予測が働きます。「嘗て客の顔を傷つけた事のなかった芳三郎には、この感情が非常な強さで迫って来た」以降でその予測が強化され、「今はどうにもそれに打ち克つ事が出来なくなった」でその予測が決定的になります。読み手もまたその状況に引きこまれます。そして、「彼は剃刀を逆手に持ちかえるといきなりぐいと咽をやった」でその予測は実現します。次に生まれる予測は、その芳三郎の残忍な行為によって若者が息絶えるかどうかです。その予測もまた、恐怖のうちに後続文脈で実現していくのです。

一方、予測を外すことで効果を得る文章もあります。それは、恐怖とは好対照な位置にある**笑いの文章**です。予測を外して笑わせるというのは、漫才などで頻繁に用いられる手法ですが、文章のなかでもしばしば登場します。

その代表的な使い手は、笑う哲学者として有名な土屋賢二氏です。土屋氏はお茶の水女子大学に勤務しています。

〔勤務先が〕女子大だと言うとよく羨ましがられるが、実際には決してそんなによいものではない。理由は大きく分けて五つあるが、そのうち二つはさしさわりがあってここに書くことはできない。あと二つは思いだせず、残りの一つは今、鋭意究明しているところである。

（土屋賢二『われ笑う、ゆえにわれあり』文藝春秋）

女子大勤務というのは、多くの男性にとって魅力的なことです。しかし、書き手は「実際には決してそんなによいものではない」と断じます。読者はそこで女子大の隠された実態が明かされることを期待します。それに答える形で「理由は大きく分けて五つあるが」と述べられるのですが、理由は明かされず、読者は肩すかしを食って思わず笑ってしまいます。

もう一つ、笑いの文章を紹介しておきましょう。次の文章は、穂村弘氏『本当はちがうんだ日記』（集英社）からの引用です。穂村氏は歌人ですが、自身のダメ振りをおもしろおかしく紹介するエッセイを書くことに長《た》けています。

私はエスプレッソが好きだ。小さなカップの底に泡立つ液体がちょっとだけ入っている。香ばしい匂いを嗅ぎながら、カップにそっと口をつける。目を閉じて、ゆっくりと一口啜ってみる。苦い。舌が苦い。苦くて、とても飲めたものではない。痺れた舌を空中でひらひらさせながら、私はカップを置く。

ここでは、本場イタリアやパリのカフェをイメージして、「素敵な飲み物」であるエスプレッソに挑戦する筆者が、あえなく挫折する場面が描かれています。エスプレッソは通に好まれるコーヒーで、とくに濃くて苦いことで知られています。エスプレッソ好きの人が苦くて飲めないのは、読者の想定外です。よい雰囲気のなかでおいしく飲む場面を予測していた読者は、思わずにんまりしてしまうところです。

内容の予測はある種の緊張感を伴います。**恐怖は、緊張感のある文脈のなかで予測が的中し、緊張がピークに達したところで生じる感情です。**一方、**笑いは、緊張感のある文脈のなかで予測が外され、緊張が緩んだときに生じる感情です。**

そのことは、次の文章が明確に示しています。井上ひさし氏の『犯罪調書』（集英社文庫）の冒頭部の引用です。恐怖の文章で見た志賀直哉「剃刀」と比較すれば一目瞭然です。

白い下半身を剥《む》き出しにした娘が横たわっている。麻酔薬を嗅《か》がせられているらしく身動きひとつしない。娘の、高く盛り上がった胸が皮鞴《ふいご》のように規則正しくゆっくりとせり上り沈み込む。と、思いつめた目をした中年男が冷たく光る鋭利な刃物を握りしめ、娘の下腹部へ顔を近づけて行き、ぐさりとその刃物を突き立てた……。

殺人か。そうではない、帝王切開がこれから始まるのである。

これは、誤解誘導と呼ばれるレトリックの手法ですが、恐怖と笑いが隣りあわせになっていることがよくわかる例です。

私たちが文章を読むとき、流れに乗って読んだり、ワクワクドキドキしながら読んだりできる不思議さ。その秘密は、予測というトップダウン処理による推論のなかに隠されているのです。

◎「予測ストラテジー」のポイント

文章を話の流れに乗って深く読むためには、次のことを意識する。

①文章を読む過程で、疑問に思ったことや深く知りたいことを問いとして発する。

②次がどんな展開になるのか、先のストーリーに注意を向ける。

③次にどんな内容が来るのか、その具体像を絞りこみ、実際の文章の内容と照合する。

第七章　文脈ストラテジー　表現を滑らかに紡いで読む力

文脈の力

文脈（context）というのは、文章を理解するさいに使われる書き手と読み手の共有知識のことです。書き手というのは、読み手がどんなことを知っていて、どこまで書けば自分の言いたいことを理解してもらえるかということをつねに意識しながら文章を書いています。もちろん、読み手の知識を測りそこねることもあり、測りそこねた瞬間から誤解が生まれます。書くことの難しさは、読み手の立場に完全に立つことができない難しさと考えることもできるでしょう。

文脈は、文章を理解するときに大きな力を発揮します。次の①と②では、どちらがより怖さを感じさせるでしょうか。

①早朝、私が布団に入っていると、台所から妻の包丁を研《と》ぐ音が聞こえてきた。「シュッ、シュッ」

②深夜、誰もいないはずの暗い台所に突然明かりがともり、包丁を研ぐ音が聞こえてきた。「シュッ、シュッ」

②のほうが怖いのではないでしょうか。同じ「シュッ、シュッ」という包丁を研ぐ音であっても、深夜、誰もいないはずの台所から聞こえてくる音のほうが怖いはずです。ところが、早朝、妻の包丁を研ぐ音に恐怖を覚えることもあります。次の文章で確認し、文脈の力を感じてください。

③きのうの夜、長年の浮気が妻にばれ、夜遅くまで激しく口論した。早朝、私が布団に入っていると、台所から妻の包丁を研ぐ音が聞こえてきた。「シュッ、シュッ」

現場文脈・記憶文脈・言語文脈

文脈が、書き手と読み手の共有知識だといっても、もちろん理解の過程で使われる、文章の内容に関連する共有知識に限られます。今読んでいる文章を理解するのに必要な読み手の知識（いわゆるスキーマ）だけが活性化されるわけです。文脈を活用する意味は、脳内の限られた資源を効率よく理解に生かすところにあるわけですから、必要最小限の知識だけが呼びだされ、理解に使われると考えられます。

文脈には三つのものが考えられます。**現場文脈**と**記憶文脈**、そして**言語文脈**です。現場文脈というのは、話し手と聞き手がその現場で共有している文脈のことです。「何、それ？」「ああ、これか。くるみ割り人形だよ」という会話での「これ」や「それ」は、その場にあるくるみ割り人形を指しています。つまり、「何、それ？」と話し手が指さしたときから、くるみ割り人形が現場文脈になったわけです。

記憶文脈は、話し手と聞き手が頭のなかに共通した記憶として持っている文脈のことです。「去年の今ごろ行った清里のあの店、ピザもドルチェもおいしかったよね」「ああ、あのイタリアンね。懐かしいなあ」という会話での「あの店」「あのイタリアン」は、共通経験としてたがいの記憶にある清里のイタリア料理店を指しています。

しかし、現場文脈も記憶文脈も、書きことばとしての文章のなかにはほとんど現れません。書き手と読み手が共有している現場もありませんし、不特定多数の読み手の記憶を想定することも困難だからです。もちろん、「桜の美しいこの国では」と書いて、日本を指すこともできますし、「一九八九年のあの壁の崩壊」と書いて、冷戦の象徴として東西ドイツを隔ててきたベルリンの壁の崩壊を指すことも可能です。ただ、どの読み手が読んでもわかる現場文脈や記憶文脈は、文章では成立しにくいと考えておいたほうがよいでしょう。したがって、本章では、言語文脈、および言語文脈から想起される現場文脈や記憶文脈に限定して議論することにします。

形態と意味の非対称性

人間が使う言語、いわゆる自然言語の難しさは、**言葉の形態と意味が一対一で対応せず、文脈におうじて意味が変わる**ところにあります。

病院から戻ると、笑子がリビングでテレビをみていた。それも、かなり熱中して。めずらしいことだ。声をかけると、おかえりなさい、と言ったが、目は画面から放さない。

分割払いで買ったその25インチテレビには、茫漠《ぼうばく》とひろがるうす茶色の平原が映っていた。

「何みてるの」

「テレビよ」

笑子が即答する。悪気があって言うわけじゃないらしいので、僕はその返事に納得するよりない。着替えて靴《くつ》の手入れをし、うがいをして戻ると、もうテレビは終わっていた。

〔中略〕

「どんな番組だったの」

僕は、今度は慎重に言葉を選んで質問した。

「野生動物のドキュメンタリーよ」

笑子は説明する。

（江國香織『きらきらひかる』新潮文庫）


「何みてるの」「テレビよ」というやりとりの面白さは、テレビを見ていることは現場文脈からわかるはずで、どんな番組を見ているか訊《き》いているのだというところにあります。つまり、「何みてるの」は文脈におうじて意味が変わるわけです。

以降では、「手を振る」という表現を例に、文脈によって多様な意味を帯びる様子を観察してみましょう。それぞれの文章中で使われている「手を振る」という動作が、その文脈のなかで何を意味しているのかを考えてみてください。

路上に駐車しておいた車に乗って走り出してもセリーナは手を振っていた。私はなるべく長い間彼女を見ていたかったので最徐行をしていた。バックミラーに映るセリーナの姿はだんだん小さくなっていった。それでもまだ手を振っていた。私は不意に車を道路脇に止めて飛び出すや、出来るだけ大きく手を振った。はるか遠くでセリーナも両手でそれに応えた。セリーナ、と声を限りに叫びたかった。再び車に飛び込むと、今度は一目散に走り出した。角を曲がる直前にバックミラーをのぞくと黄昏《たそがれ》の歩道の上に点のようになったセリーナがまだ手を振っていた。

（藤原正彦『若き数学者のアメリカ』新潮文庫）

ここでの「手を振る」という動作は、さようならという別れの合図です。長く手を振ったり、大きく手を振ったりする描写から、その別れを心から惜しんでいるという感じが出ています。しかし、大切なのは、どこにも「二人は別れを心から惜しんでいた」という説明が書かれていないことです。書かれていない内容がわかることもまた文脈の力です。

また望遠鏡。すると、大写しになった三治の顔、帯子の顔……わたしは眼のやり場にいらいらして、望遠鏡をポケットにしまった。いつか、舟がまたうごき出していた。だんだん近づいて来る。向うでも気がついたらしく、伸び上って手を振っている。

（石川淳「マルスの歌」『焼跡のイエス・善財』講談社文芸文庫）

ここでは、「手を振る」という動作が、さようならとは反対の「こっちにいるよ」「こっちにおいでよ」という合図を意味していることがわかります。遠いところにいる相手に気づいてほしい、あるいは気づいているよと返すときに出現する動作です。

鞄屋の軒先を借りてバスがくるのを待っていると、反対側の舗道で、やはりスーパードームへ行くらしい中年の夫婦が、必死にタクシーを止めようとしている姿が眼に入ってきた。傘も持たず、雨に濡れながら、行き交うタクシーに盛んに手を振るのだが、一台も止まってくれない。それでも諦めず、なおも手を振っていると、ついにブルーの車が横づけにされた。喜び勇んで乗り込もうとすると、運転席から制服姿の警官が降りてきた。彼らはパトカーを止めてしまったのだ。

（沢木耕太郎『一瞬の夏　上巻』新潮文庫）

こちらに気づいてほしいという動作の延長線上に、タクシーなどを停める合図という意味があります。普通は手を挙げるわけですが、どうしてもタクシーに気づいてほしい場合、手を振るという動作に発展することがあります。その必死さが伝わりすぎた結果、パトカーまで停まってしまったわけです。

代助はピヤノの傍まで来た。
「如何なる名人が鳴らしているのかと思った」
梅子は何にも云わずに、額に八の字を寄せて、笑いながら手を振り振り、代助の言葉を遮ぎった。

（夏目漱石『それから』新潮文庫）

ここでの「手を振る」という動作は、「いえいえ」という軽い拒絶を表しています。典型的には謙遜に使われる動作です。軽い拒絶であることは「笑いながら」という表現からわかります。

病人は依然として腹が痛むのであるが、もう押して貰おうともしなかった。押しましょうかと言うと、手を振って見せる。そして小声で、「押すと却って痛い、独りで我慢する」という。

（田山花袋『生』新潮文庫）

ここでの「手を振る」は、「やめてくれ」という強い拒絶でしょう。病気で苦しむ病人が言葉にせずに手を振って見せるという状況から、声に出すのもしんどい状況で強く拒否しているという切迫感が伝わってくるからです。拒絶の強弱がわかるのも、やはり文脈の力です。

それから俄《にわ》かにお母さんの牛乳のことを思いだしてジョバンニはその店をはなれました。そしてきゅうくつな上着の肩《かた》を気にしながらそれでもわざと胸を張って大きく手を振って町を通って行きました。

（宮沢賢治「銀河鉄道の夜」『新編　銀河鉄道の夜』新潮文庫）

周囲の人とのコミュニケーションのために「手を振る」場合は手を左右に振るものですが、行進したり、走ったりする場合は前後に振るものです。「左右に」「前後に」といちいち書いていなくても、手を振っている姿が誤りなく想像できるのも、文脈を考慮に入れて理解しているからです。

蝿は私の体にも襲いかかった。私は手を振った。しかし彼らは私と、死につつある彼と差別がないらしく――事実私も死につつあったかも知れない――少しも怖れなかった。

（大岡昇平『野火』講談社文庫）

コミュニケーションのためでなくても、手を左右に振ることはあります。邪魔なものを追い払ったり振り払ったりする場合は、手を左右に振ることを私たちは経験上知っています。ハエを追いはらうという文脈が想定できれば、手の振り方も必然的に決まってきます。

「手を振る」というのは抽象的な動作です。文脈がないと、その動作が何を意味するかわかりません。言葉の意味は、部分的には辞書的に決まりますが、最終的には文脈のなかで決まるものです。読み手が多義語の意味を一義的に理解できるのは、文脈におうじて呼び出す言葉の意味を調整しているからです。

ところが、現実の文章理解には誤解がつきものです。書き手の想定する文脈と、読み手の想定する文脈にしばしばズレが生じるからです。第三章の「話題ストラテジー」のところで見たように、複数のスキーマを持つ文章であっても、読み手はあるスキーマが見えてしまうと、別のスキーマを放棄してしまう傾向があります。

しかし、優れた読み手の場合、自分自身の「読体」すなわち読みの癖をよく知っていて、**ある文脈に従って文章理解を進めていくうちに違和感を覚えたら、かならずその文脈を個々の表現とつじつまが合うように調整しているもの**です。ですから、文章を読んでいくうちに

「おやっ」と思う表現に出会ったら、そこでいったん立ち止まって自分の想定してきた文脈を疑い、その「おやっ」も含めて理解できるような文脈を想定しなおすことが大切です。

結束性の把握

文章は通常多数の文からできています。前後する文どうしは何らかの意味のつながりを持ち、それによって文脈が生まれています。そうした意味のつながりは**結束性**（cohesion）と呼ばれ、**指示詞や接続詞のようなつなぐ表現によって、そのつながりが保証されます**。指示詞は文の話題を継続して示すのに力を発揮し、接続詞は話の展開を予告する働きがあります。接続詞については、前著『文章は接続詞で決まる』（光文社新書）でくわしく説明しましたので、ここでは指示詞を中心に見ていくことにしましょう。

次の文章を読んでください。筆者の伯父である朝吹常吉氏がマナーに厳しかったことが語られたあとの説明です。原文にあった指示詞をすべて省いています。

伯父が何故マナー（礼儀作法）に厳しかったのか考えてみたい。そもそもマナーとはどういう意味を持つものであろうか。何より他人には迷惑をかけない、他人に悪感情を与えない、人を尊重する、つまりは互譲の精神に立脚したものである。人とつきあう、つまり社交の基本であって、持たない人は野蛮人と見なされる。伯父が身につけたのはイギリス流マナーで、ジェントルマン・シップの核心をなすものである。背景には騎士道があり、さらにはキリスト教がある。同じく、かつて日本にも、厳しい作法があった。たとえば小笠原流などは、背景には武士道があり、さらには儒教があった。従ってマナーの良い人は誰からも尊敬される。伯父はたびたびの海外経験で、痛感していたに違いない。

文どうしのつながりがごつごつしていて、理解しにくいところがあったのではないでしょうか。次の文章が原文です。指示詞には傍線を引いて示しました。

伯父が何故①これほどまでマナー（礼儀作法）に厳しかったのか考えてみたい。そもそもマナーとはどういう意味を持つものであろうか。②それは何より他人には迷惑をかけない、他人に悪感情を与えない、人を尊重する、つまりは互譲の精神に立脚したものである。③これは人とつきあう、つまり社交の基本であって、④これを持たない人は野蛮人と見なされる。伯父が身につけたのはイギリス流マナーで、⑤これはジェントルマン・シップの核心をなすものである。⑥この背景には騎士道があり、さらにはキリスト教がある。⑦これと同じく、かつて日本にも、厳しい作法があった。たとえば小笠原流などが⑧そうで、⑨この背景には武士道があり、さらには儒教があった。従ってマナーの良い人は誰からも尊敬される。伯父はたびたびの海外経験で、⑩このことを痛感していたに違いない。

（長岡忠一「怖かった伯父――朝吹常吉のこと――」『片手の音　'05年版ベスト・エッセイ集』文藝春秋）

①「これほどまで」は、それまで語られてきた朝吹常吉氏のマナーにかんするエピソードを想起させる働きがあり、朝吹氏のマナーにたいする際だった厳格さが強調されます。

②「それは」の「それ」は「マナー」を指しています。「他人には迷惑をかけない」「他人に悪感情を与えない」「人を尊重する」「互譲の精神に立脚した」という四つの述語が連続して提示されるので、その主語に位置するものをあらかじめ示しておいたほうが読みとりが容易になるでしょう。

③「これは」の「これ」はやはり「マナー」を指しており、一見冗長に見えますが、ないと落ち着きません。じつは、この文の「これ」は単なる「マナー」ではなく、「何より他人には迷惑をかけない、他人に悪感情を与えない、人を尊重する、つまりは互譲の精神に立脚した」マナーです。つまり、②の「それ」が指している「マナー」にさらに意味が付加されているわけです。そのため、「これは」で受けなおしたほうが文のつながりがスムーズになるのでしょう。

④「これを」や⑩「このことを」は「持たない」や「痛感していた」につながる目的語です。「を」で示される目的語なしに動詞がいきなり出てくると、読み手に唐突感を与えます。やはりあったほうがよいでしょう。

⑤「これは」はあってもなくても読みとりには支障はありませんが、「これは」があることで、数あるマナーのうちでも「イギリス流マナー」を取りたてたことがわかり、「ジェントルマン・シップの核心をなす」とのつながりがはっきりします。⑥と⑨の「この背景」の「この」もなくても大丈夫なものですが、「この」があることで「イギリス流マナー」や「小笠原流」といった厳しい作法に光が当たります。

⑦の「これと同じく」の「これ」や、⑧の「小笠原流などがそうで」の「そう」は、先行

文脈の内容をくり返す形式ですが、ないと文法的なつながりがあいまいになりますので、あったほうがよさそうです。

指示詞は接続詞とともに、文章を単なる文の集合ではなく、文の連鎖として理解させる働きを持っています。書き手は、無数の文を紡いで一つの文章を作りあげていきますが、その紡いだ軌跡が指示詞と接続詞に形となって残っているわけです。したがって、**指示詞と接続詞をたどっていけば、文章のなかで展開された書き手の思考の筋が見えてきます。**

とくに指示詞を追っていくと、その文章の中心となっている話題、この文章では「マナー」がどのように文を超えて引き継がれ、どのような帰着点に至ったかがわかります。その意味で、第四章でも見たように、速読のさいにも着目すべき要素です。

一貫性の把握

結束性は、指示詞や接続詞のようなつなぐ表現によって保証される意味のつながりでした。それにたいして、**推論や連想によってつながり、内容として意味のまとまりが保証される**場合があります。それが**一貫性**（coherence）です。

次の文章は二〇〇九年三月一六日付の『朝日新聞』朝刊掲載の天声人語です。三月という季節を意識して読んでみてください。

夏ではなく春の季語だと知って、しゃぼん玉を見直した。詩歌では水遊びの域を超え、風との戯れになるのだろう。膨らみかけたのを春風にさらわれ、合点がいかずに玉を追う子が浮かぶ。〈しゃぼん玉息を余して離れけり〉堀越せい子。

肉眼で見える、最も薄いものの一つが石鹸《せっけん》膜だと物の本にあった。晴天下に漂う玉は日光で水分が蒸発し、膜がどんどん薄くなる。色の変化を楽しめる代わり、曇りの日より短命という。空中のチリに破られず、風に恵まれた玉だけが長く、高く舞う。

詩人の野口雨情《うじょう》は、そのはかなさを童謡「しゃぼん玉」にした。〈しゃぼん玉消えた／飛ばずに消えた／うまれてすぐに／こわれて消えた〉の部分は、生後8日で亡くした長女への鎮魂ともいわれる。

幼子の不幸から作品の発表まで14年あるが、そこは詩人だ。我が子と同じ運命をたどった幾多の命を、音もなく消える玉に重ねたのかもしれない。雨情が一家を構えた明治から大正期には、乳児の7人に1人が1歳の誕生日を祝えなかった。

戦後、赤ちゃんの死亡率は劇的に下がり、父母の心労は思春期からが本番である。チりとホコリが充満する世、大切に膨らませ、ストローの先で危なげに揺れる玉を案じぬ親はいない。様々な事情から、息を十分吹き込めずに手元を離れる玉もあろう。

　壊れそうな膜の中に思いの限りを満たし、どこまでもキラキラ飛んでいけと願う。風よ優しく頼むと。この時期、教師たちも同じ心境に違いない。巣立ちの情景で、しゃぼん玉は春ならではの言葉になる。


　この文章は、しゃぼん玉を子どもの成長にたとえた文章です。

　第一段落の第一文「夏ではなく春の季語だと知って、しゃぼん玉を見直した」と第二文「詩歌では水遊びの域を超え、風との戯れになるのだろう」には一見関連性がありません。しかし、よく読むと、「季語」と「詩歌」、「夏」と「水遊び」、「春」と「風」というつながりが見えてきます。この三つのなかで、もっともつながりが薄くみえるのが「春」と「風」です。そこで、第三文「膨らみかけたのを春風にさらわれ、合点がいかずに玉を追う子が浮かぶ」という映像が浮かぶ文が導入されてそのつながりが強められます。さらに、「しゃぼん玉息を余して離れけり」という句が紹介され、しゃぼん玉が春の季語であることが確認されて第一段落が閉じられます。

第二段落の「肉眼で見える、最も薄いものの一つが石鹼膜だと物の本にあった」は話題が唐突に転じているように見えます。しかし、この文は、第三段落以降の展開で欠かせない文になります。しゃぼん玉のはかなさがそこでの展開の前提となるからです。第二文「膜がどんどん薄くなる」や第三文「短命という」には、しゃぼん玉のはかないイメージを強める働きがあります。第四文「空中のチリに破られず、風に恵まれた玉だけが長く、高く舞う」は、第一段落の春のしゃぼん玉のイメージを重ねてこの段落を閉じ、次の段落の新たな展開に備える働きを持つ文です。

第三段落では、「しゃぼん玉」という野口雨情作詞の童謡が紹介され、しゃぼん玉のこわれやすさの背後には、雨情の長女の命のはかなさがあることが示されます。続く第四段落では、雨情の生きた時代の乳児死亡率の高さに言及され、当時の幼い命がいかにもろくはかないものであったかが一般化されます。

第五段落では、命のはかなさが現代では思春期の若者に移ってきたことが示されます。第二文「チリとホコリが充満する世」は第二段落の第四文「空中のチリに破られず」を受けているのでしょう。また、同じ文の「ストローの先で危なげに揺れる玉を案じぬ親はいない」は直前の文「父母の心労は思春期からが本番である」を意識していることはいうまでもありません。第三文「様々な事情から、息を十分吹き込めずに手元を離れる玉もあろう」は第一段落で紹介された「しゃぼん玉息を余して離れけり」を踏まえています。読み手はこうしたところに文章の一貫性を見いだすことができるでしょう。

　第六段落の第一文「壊れそうな膜の中」は第二段落の最初の文「肉眼で見える、最も薄いものの一つが石鹸膜だ」を受けています。また、それに続く部分「どこまでもキラキラ飛んでいけと願う。風よ優しく頼むと」は第二段落の最後の文「空中のチリに破られず、風に恵まれた玉だけが長く、高く舞う」と明確な関連性があります。第三文「この時期、教師たちも同じ心境に違いない」は、第五段落の「ストローの先で危なげに揺れる玉を案じぬ親はいない」と重なることは、「教師たちも」「同じ心境」という表現によって保証されています。「この時期」は、この文章が書かれたのが卒業式のシーズンだということを意識した現場文脈です。

　そして、「巣立ちの情景」という言葉で卒業式の具体的な状況を喚起し、「しゃぼん玉は春ならではの言葉になる」で文章が閉じられます。じつは、文章の冒頭で「夏ではなく春の季語だと知って、しゃぼん玉を見直した」という文があり、読み手はなぜ「見直した」のか充分に合点がいかずに読みすすめていたのですが、ここへ来て、冒頭と結末の文が結びあわされ、文章全体が一つの輪として連関したことにハッとさせられます。

この文章には、結束性を示す指示詞がほとんど使われていません。接続詞にいたっては一つもありません。しかし、文章は、しゃぼん玉と子どもの命のはかなさと尊さが二重写しとなり、一つの文章として完結するのです。

指示詞や接続詞といった結束性を明確に表す形式がないにもかかわらず、文を超えた意味の連続が理解できるというのは不思議なことです。このような理解が可能になるのは、文章全体をとおして一貫した内容になるように、個々の表現を配置した書き手の努力の賜物《たまもの》と見ることもできるでしょう。

ですが、文章が全体として一つのメッセージを伝達するためには、**一文一文を独立したものと考えず、それぞれが意味的に関連したものとして紡ぎつづける読み手の努力も不可欠です**。意味というものは存在するものではありません。読み手の努力で見いだすものなのです。内容でつながる一貫性こそ、高度の表現力と理解力が問われる優れた言葉の世界です。

◎「文脈ストラテジー」のポイント

文章を誤解なく円滑に読むためには、次のことを意識する。

①違和感のある表現に出会ったら、その表現とつじつまが合うように文脈を再調整する。

②指示詞と接続詞がある場合、そうした手がかりを頼りに、文章で展開される書き手の思考の筋を追跡する。

③文を超える意味の連鎖が形に表れない場合でも、文章の全体像を意識し、内容の一貫性が保たれるように読みすすめる。

第四部　精読――深く多面的に読む技術

第八章　行間ストラテジー　隠れた意味を読み解く力

行間と推論

第四部では、深く多面的に読む「精読」のための三つの読解ストラテジーを考えます。精読は、読んだ内容をしっかりと頭に入れ、創造的な活動に結びつける読み方で、新たな発想を得る探究の読みとでもいえるようなものです。第八章「行間ストラテジー」と第九章「解釈ストラテジー」は第二章で見た「熟読」のためのストラテジー、第十章の「記憶ストラテジー」は文字どおり第二章の「記憶」のためのストラテジーです。

最初に検討するストラテジーは、**行間ストラテジー**です。「行間を読む」という言葉は聞いたことがあるでしょう。英語にも“read between the lines”という慣用句があります。しかし、行間には何も書いてありません。行間を読むということはいったいどのようなことなのでしょうか。次の文章でそれを確かめてみましょう。

おとといは残業が終わらず、帰宅が午前三時になり、ひどい睡眠不足だった。きのうはそのぶん早めに帰宅し、午後九時には自室のベッドにもぐりこんだ。

朝六時に目覚まし時計が鳴り、ベッドから起きあがった。キッチンに行くと、妻に「きのうはよく眠れた?」と聞かれた。「ぜんぜん寝てないよ」と答えると、「だって、あなた、きのう九時にはベッドに入っていたじゃない。九時間ぐらい眠れたんじゃないの?」と言われた。けれども、私は一睡もしていないのだ。

この文章を読むと、変な気がします。「午後九時には自室のベッドにもぐりこ」み、「朝六時に目覚まし時計が鳴り、ベッドから起きあがった」のだから、「妻」の計算どおり九時間寝ているはずです。しかし、「私」は一睡もしていないと主張します。それは、なぜでしょうか。

それは、読み手が行間を読んでしまったからです。本文には「私」が寝たとは一言も書いてありません。「私」はベッドに入っても目が冴《さ》えて、朝まで一睡もできなかったのかもしれません。しかし、「午後九時には自室のベッドにもぐりこ」み、「朝六時に目覚まし時計が鳴り、ベッドから起きあがった」と書いてあると、そのあいだの時間は寝たと、読み手のがわで推論してしまうのです。

行間を読むというのは、書かれてあることをヒントにして、書かれていないことを読み手が推論することです。たとえば、「タバコに火を点《つ》けた」「服の汚れを落とした」と書いてあると、タバコには火が点いたのだろう、服の汚れは落ちたのだろうと推論するのが普通です。しかし、「タバコに火を点けた。けれども、湿気《しけ》っていて点かなかった」「服の汚れを落とした。でも、シミになっているところは落ちなかった」という展開になることもあります。

しかし、推論が悪いわけではありません。言葉というものはそもそも理解のヒントにすぎず、すべてを書きつくすことはできませんし、書きつくそうとすることは現実的でもありません。「タバコに火を点けた」と書いてあれば「タバコに火が点いた」と、「服の汚れを落とした」と書いてあれば「服の汚れが落ちた」と理解するほうが合理的なのです。その証拠に、推論に反する文脈展開では、「けれども、湿気っていて点かなかった」や「でも、シミになっているところは落ちなかった」のように、「けれども」「でも」という逆接の接続詞があいだに入ります。自然な推論を食い止めるのにこうした逆接の接続詞が必要だということは、逆接の接続詞がなければ推論による理解が妥当だということを暗に示しています。

橋渡し推論

行間というのはかなり抽象的なので、ここでは文を単位にして考え、文と文のあいだの文間を読むということで考えることにします。文間を読む場合、橋渡し推論と精緻化《せいちか》推論という二つの推論が重要になります。

「橋渡し推論」(bridging inference) は、文と文とのあいだに意味のすき間がある場合、橋を架けるような推論をすることです。次の文章をみてください。

新しい東京の中学の二学期はすぐに終わり、クリスマスになった。住んでいた四谷から、都電一本で夢の銀座まで行けることがわかり、東京の人がみんな行くという、クリスマスの銀座探検に、勇気を出して一人で出かけた。電車から降りた銀座四丁目は、オソロシイほどの人間の洪水だった。

(岩城宏之「クリスマス嫌い」『うらやましい人　'03年版ベスト・エッセイ集』文藝春秋)

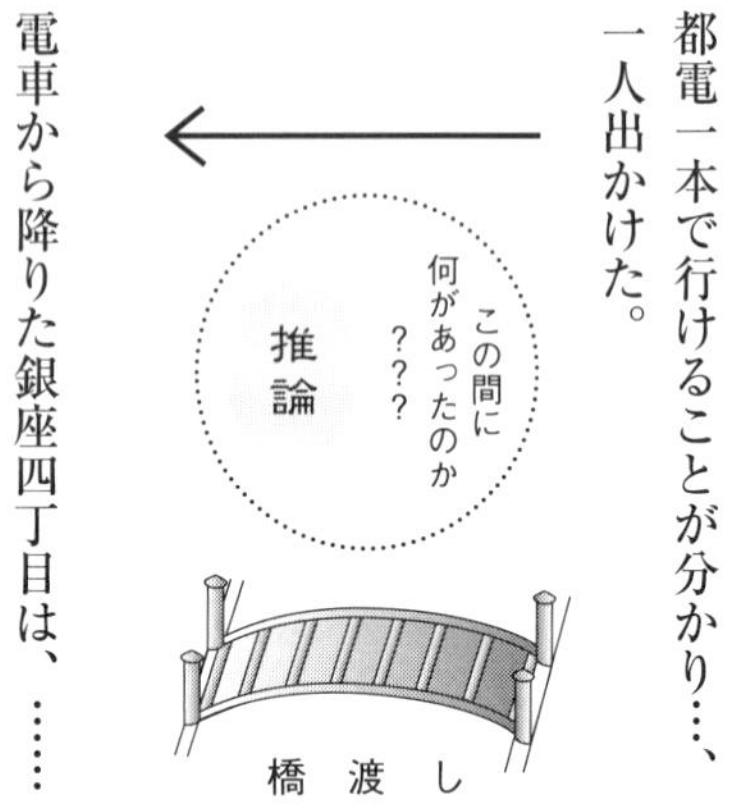
都電一本で行けることが分かり…、
一人出かけた。
この間に
何があったのか
？？？
推論
橋渡し
電車から降りた銀座四丁目は、……

図・橋渡し推論

この文章では、筆者の自宅のある四谷を出てから銀座までの都電の様子が描かれていません。都電に乗ったということさえ書かれてはいません。しかし、「電車から降りた」という文がある以上、都電に乗ったこと、都電の車内で時間を過ごしたことが、書かれていなくても前後の文脈から容易に推論できます。文のあいだを埋める推論、これが橋渡し推論です。

　橋渡し推論の場合、一連の出来事や行動を部分的に省略されたところに多く生じる推論であるため、読み手が適切なスキーマを呼びだして理解している場合、とくに意識されないこともあります。一方、**あるべき内容が描**

かれていないことで、そこで立ち止まって深く理解することも可能です。たとえば、先ほどの文章では、初めての銀座探検を目前に控えて、電車のなかで一人ドキドキしている少年の様子を思い浮かべることもできます。

次の文章は宮沢賢治「セロ弾きのゴーシュ」（『新編 銀河鉄道の夜』新潮文庫）の最後の場面です。ゴーシュは楽団でセロ（チェロ）を担当していますが、演奏が下手でコンサートをまえに楽長にいつもいじめられています。ところが、深夜帰宅してから家で練習をしていると、猫、かっこう、狸、野ねずみがゴーシュの演奏を聴くために相次いで訪れます。ゴーシュは楽団でいじめられている腹いせに、動物たちにつらく当たりますが、動物たちに演奏を聞かせているうちに練習に集中できるようになります。

演奏会当日、メインの第六交響曲は首尾良く終わり、訪れた観客はアンコールを求めます。楽長は、恥をかかせるつもりで、嫌がるゴーシュを無理矢理一人で舞台に立たせます。その続きを【文間①】と【文間②】に注目して読んでください。

「さあ出て行きたまえ。」楽長が云いました。みんなもセロをむりにゴーシュに持たせて扉《と》をあけるといきなり舞台へゴーシュを押《お》し出してしまいました。ゴーシュがその孔のあいたセロをもってじつに困ってしまって舞台へ出るとみんなはそら見ろというように一そうひどく手を叩《たた》きました。わあと叫んだものもあるようでした。

「どこまでひとをばかにするんだ。よし見ていろ。印度《インド》の虎狩《とらがり》をひいてやるから。」ゴーシュはすっかり落ちついて舞台のまん中へ出ました。

それからあの猫《ねこ》の来たときのようにまるで怒《おこ》った象のような勢《いきおい》で虎狩りを弾きました。ところが聴衆《ちょうしゅう》はしいんとなって一生けん命聞いています。ゴーシュはどんどん弾きました。猫が切ながってぱちぱち火花を出したところも過ぎました。扉へからだを何べんもぶっつけた所も過ぎました。【文間①】

曲が終るとゴーシュはもうみんなの方などは見もせずちょうどその猫のようにすばやくセロをもって楽屋へ遁《に》げ込みました。すると楽屋では楽長はじめ仲間がみんな火事にでもあったあとのように眼をじっとしてひっそりとすわり込んでいます。ゴーシュはやぶれかぶれだと思ってみんなの間をさっさとあるいて行って向うの長椅子《ながいす》へどっかりとからだをおろして足を組んですわりました。

するとみんなが一ぺんに顔をこっちへ向けてゴーシュを見ましたがやはりまじめでべつにわらっているようでもありませんでした。

「こんやは変な晩だなあ。」

ゴーシュは思いました。ところが楽長は立って云いました。

「ゴーシュ君、よかったぞお。あんな曲だけれどもここではみんなかなり本気になって聞いてたぞ。一週間か十日の間にずいぶん仕上げたなあ。十日前とくらべたらまるで赤ん坊と兵隊だ。やろうと思えばいつでもやれたんじゃないか、君。」

仲間もみんな立って来て「よかったぜ」とゴーシュに云いました。

「いや、からだが丈夫だからこんなこともできるよ。普通《ふつう》の人なら死んでしまうからな。」楽長が向うで云っていました。【文間②】

その晩遅《おそ》くゴーシュは自分のうちへ帰って来ました。

そしてまた水をがぶがぶ呑《の》みました。それから窓をありていつかかっこうの飛んで行ったと思った遠くのそらをながめながら
「ああかっこう。あのときはすまなかったなあ。おれは怒ったんじゃなかったんだ。」と云いました。

私は、この物語を幼いころ読んで、読後感に物足りなさを抱《いだ》いたことを今でも憶えていま

す。当時はきっと橋渡し推論で文間を埋める術《すべ》を知らなかったのでしょう。

【文間①】では、演奏の途中からいきなり終わったあとに話が飛んでいます。曲のエンディングはどうだったのか。ゴーシュの演奏にたいする聴衆の反応はどうだったのか。読み手として知りたい情報がここでは欠落しています。ですが、橋渡し推論をしようにも、この時点では手がかりに乏しく、どのようにその欠落感を埋めてよいのか、見当がつきません。

ゴーシュ自身は演奏に必死になるあまり、あたまが真っ白になって、そうしたことをいっさい憶えていなかったのかもしれません。しかし、読み手は、そのときのゴーシュの演奏がどのようなものだったのか。ゴーシュの演奏の描写をとおして、あるいは聴衆の反応をとおして知りたかったはずです。

情報の欠落感が解消されるのは、楽長や仲間が「よかった」と口々にほめてくれる描写に至ったころでしょう。ここまで来て初めて、ゴーシュの荒削りで魂のこもったセロの演奏はすばらしいエンディングを迎え、聴衆の割れんばかりの拍手がそれに続いたという橋渡し推論が可能になります。

【文間②】では、演奏後の団員たちが談笑する舞台裏から、いきなりゴーシュ一人の自宅へと描写が移ります。ゴーシュは自分の演奏を認めてくれた仲間たちと打ち上げに出かけたのでしょうか。それとも、一人で演奏会場に残り、心地よい余韻《よいん》に浸っていたのでしょうか。「その晩遅く自分のうちへ帰って来」るまでゴーシュが何をしていたのか、書き手は語りません。それどころか、楽長や仲間たちが評価してくれる言葉にたいする反応さえ描かれないのです。

それまで自分の演奏を見くだしつづけてきた楽長や仲間が初めて、ゴーシュの演奏を高く評価してくれたのです。心のなかで快哉《かいさい》を叫んだり溜飲《りゅういん》をトゲたりしてもよいはずです。しかし、高い評価は言葉になりません。「どこまでひとをばかにするんだ。よし見ていろ。」「やぶれかぶれだ」「こんやは変な晩だなあ。」など、ゴーシュの心理描写で言葉になっているのは否定的なものばかりです。ゴーシュの喜びを推し量る橋渡し推論は、読み手の想像力に委ねられています。

この文章は、最後に「かっこう」に言及して閉じられます。ゴーシュのうちへの夜の訪問者は、「かっこう」だけでなく、「猫」も「狸」も「野ねずみ」もいました。ゴーシュにはきっと、自分の演奏が上達したのは動物たちのおかげだという意識があり、その感謝の気持ちが「かっこう」への最後の言葉に表れているのだろうと推察されます。なぜ「かっこう」だけが選ばれたのかはわかりません。ただ、「猫」「狸」「野ねずみ」への感謝の思いは、読み手の推論によって埋められることがここでは期待されているように思えます。
この物語の行間の深い結末の描写から、物足りない読後感を抱くか、豊かな読後感を創造するかは、読み手の推論の力にかかっているのです。

精緻化推論

文間を読むときに、橋渡し推論以外にもう一つ重要な推論があります。それは「精緻化推論」(elaborative inference) です。**精緻化推論は、書かれている情報だけでは充分な理解ができないときに、読み手が頭のなかに持っている背景知識を用いて情報を加えることで、足りない情報を補塡《ほてん》したり抽象的な内容を具体的にしたりする推論のことです。**次の文章で精緻化推論について確かめてみましょう。

①タイムズスクエアといえばニューヨークのど真ん中、隠れもない繁華街である。②騒々しい街の安売りの本屋で、18歳のドナルド・キーンさんは源氏物語に出会った。③日米開戦の前の年のことだ。

④日本人の書いたものを買っていいのか、迷ったそうだ。⑤だが、分厚い英訳本はめ

っぽう安かった。⑥釣られて買うと、宝がつまっていた。⑦引き込まれるように読むうちに、日本への目が開いていく。⑧そして戦後を、日本文学の研究一筋に歩んできた。

〔後略〕

（「天声人語」『朝日新聞』二〇〇八年一一月三日朝刊）

①は、精緻化推論がかならずしも必要ではありません。「タイムズスクエア」についての説明が書いてあるからです。タイムズスクエアについて知らない人や、新宿駅新南口のタイムズスクエアしか知らない人でも読めるようになっています。もちろん、行ったことがある人はタイムズスクエアの具体的なイメージを思いうかべたかもしれませんし、知識のある人は、もともとニューヨーク・タイムズの本社ビルがあったことにちなんでつけられた名称だったということを思いだすかもしれません。

②は、「ドナルド・キーン」という人物にたいする精緻化推論が必要になります。もちろん、知らない人でも、この文章を読んでいくうちに戦後の日本文学研究の大家であることがわかるようになっていますが、コロンビア大学の名誉教授で、この文章が書かれた当時、文化勲章を受章したということがわかっていたほうが、理解はより深まるでしょう。

③は「日米開戦の前の年」ということから、真珠湾攻撃がおこなわれた前年の一九四〇年であることがわかります。ここでもまた、精緻化推論が起こっています。

④は、キーン氏が「日本人の書いたものを買っていいのか、迷った」とあります。なぜ迷ったのでしょうか。おそらく、日米開戦の前年であり、当時のアメリカでは対日感情が悪化していたのでしょう。これもまた、精緻化推論です。

⑤では、「分厚い英訳本はめっぽう安かった」とあります。ここでもまた、読み手によっては理由を考える精緻化推論を試みるでしょう。反日感情が高まる世相のなかで、日本人が書いた作品という理由だけでその価値が下がり、投げ売られていたのかもしれません。

⑥の「宝がつまっていた」の「宝」は何を意味するのでしょうか。もちろん、金銀財宝が本に詰まっていたわけではありません。「宝」は源氏物語の作品世界のことでしょう。キーン氏が、きらびやかな平安朝の宮廷文化の描写に目を奪われたのか、人間関係の機微が巧みに描かれている恋愛物語としての完成度に惹《ひ》きつけられたのかはわかりません。しかし、読み手としては、キーン氏が源氏物語のなかに見いだした「宝」について精緻化推論をしてみたい気にさせられます。

⑦の「日本への目が開いていく」というのは何を意味するのでしょうか。それまでの文脈

を手がかりに精緻化推論すればすぐに見当がつくように、源氏物語の作品世界とそれを背後で支える日本文化への関心の深まりが示されているのでしょう。アメリカとの臨戦態勢に入りつつある敵国日本が、千年もまえにこのような完成度の高い長編小説を作りあげていたと知ったことで、危険な軍事日本とはまったく異なるイメージがキーン氏のなかで広がっていったものと思われます。

⑧の「戦後」は終戦直後ではなく、終戦から現在までという長い期間を意味します。一九四〇年当時一八歳だったキーン氏は、二〇〇八年では八六歳のはずです。戦後、「日本文学の研究一筋に歩んできた」ということは、源氏物語の出会いから今日まで七〇年近くを日本文学の研究に捧げてきたことになります。こうした精緻化推論をとおし、日本文学をこよなく愛する人だという感慨が読み手の心にわいてくるのでしょう。

このように、精緻化推論もまた、文章理解を深めるうえで欠かせないものです。

精緻化推論のなかでとくに理解を深めるのに役立つのは、**理由を考えるストラテジー**と、**例を挙げるストラテジー**です。

理由を考える

まず、理由を考えるストラテジーから検討してみましょう。次の文で、なぜ軍人は小児に似ているのか、その理由を考えてください。

軍人は小児《しように》に近いものである。

（芥川龍之介「侏儒の言葉」『芥川龍之介全集7』ちくま文庫）

この文が載っている「侏儒の言葉」は、芥川龍之介の箴言集《しんげん》です。「人生は一箱のマッチに似ている。重大に扱うのは莫迦莫迦しい。重大に扱わなければ危険である」「人生は落丁の多い書物に似ている。一部を成すとは称し難い。しかし兎《と》に角《かく》一部を成している」など、切れ味の鋭い人生訓が並んでいます。

ここでは、「軍人は小児に近いものである」という部分を引用しました。芥川は「なぜ」にたいするどんな解答を用意したのでしょうか。以下がその答えです。

英雄らしい身振を喜んだり、所謂《いわゆる》光栄を好んだりするのは今更ここに云う必要はない。

機械的訓練を貴《たっと》んだり、動物的勇気を重んじたりするのも小学校にのみ見得る現象である。殺戮《さつりく》を何《なん》とも思わぬなどは一層《いっそう》小児と選ぶところはない。殊に小児と似ているのは喇叭《らっぱ》や軍歌に鼓舞《こぶ》されれば、何のために戦うかも問わず、欣然《きんぜん》と敵に当ることである。

この故に軍人の誇りとするものは必ず小児の玩具《おもちゃ》に似ている。緋縅《ひおどし》の鎧《よろい》や鍬形《くわがた》の兜《かぶと》は成人の趣味にかなった者ではない。勲章も――わたしには実際不思議である。なぜ軍人は酒にも酔わずに、勲章を下げて歩かれるのであろう？

英雄らしい身振り、光栄、機械的訓練、動物的勇気、殺戮、喇叭、軍歌、鎧、兜、勲章など、軍人の好みが子どもっぽいという根拠を、思いつくかぎり数えあげている印象があります。そのどれもが的を射ているので、戦時体制下、軍人侮辱のかどで改訂処分を受けたというのもうなずけるところです。

出来事の原因、行動の動機、主張の根拠など、書かれた表現の存在理由を考えることは、筆者がなぜその表現を描いたか、筆者の表現意図を探る手がかりとなります。その意味で、**理由を考えるストラテジーは、精読の基本である**と言えるでしょう。

例を挙げる

文章が難解になる理由の一つに抽象性があります。私たちの生活実感と離れた文章は、慣れていないと理解しづらいものです。法律の条文や専門性の高い論文がそうですし、大学入試に出る評論などもそれに当たるかもしれません。以下の文は評論から抜きだした一文です。具体的な例を考えて、その難解さを取りはらってください。

考えるとは、合理的に考える事だ。

（小林秀雄「良心」『考えるヒント』文春文庫）

これだけでは意味がさっぱりわかりません。ここで立ち止まった読者は文の意味を考えます。「片づけるとは、合理的に片づけることだ」「休むとは、合理的に休むことだ」など、第九章で示す、語の置き換えストラテジーを使えば、手がかりがつかめるかもしれません。片づけたけれどかえって散らかったとか、休んだけれどかえって疲れが出たというのでは困ります。「片づいた」「疲れが取れた」という結果が得られるように、無駄のない理に適《かな》った手順で片づけたり休んだりすることが、「片づけるとは、合理的に片づけることだ」「休むとは、合理的に休むことだ」の意味でしょう。

そこで、「考えるとは、合理的に考える事だ」というのもそれと同じだと考えます。よい結果が得られるように、無駄のない理に適った手順を重ねていくこと。これが「考える」ことだと仮定しましょう。そうすると、詰め将棋を解く、迷路の出口を見つける、ジグソーパズルを組みたてるといった例が自然と思いうかびます。一例として、「考えるとは、合理的に考える事だ。詰め将棋で、必然的な王手を積み重ねて最終的に王を召し捕るように、合理的に考えることが重要だ」などという展開が考えられます。

ところが、逆説の名手、小林秀雄の考え方はかなり違います。

考えるとは、合理的に考える事だ。どうしてそんな馬鹿気た事が言いたいかというと、現代の合理主義的風潮に乗じて、物を考える人々の考え方を観察していると、どうやら、能率的に考える事が、合理的に考える事だと思い違いしているように思われるからだ。当人は考えている積りだが、実は考える手間を省いている。そんな光景が到る処に見える。物を考えるとは、物を摑んだら離さぬという事だ。画家が、モデルを摑んだら得心の行くまで離さぬというのと同じ事だ。だから、考えれば考えるほどわからなくなると

いうのも、物を合理的に究めようとする人には、極めて正常な事である。だが、これは、
　能率的に考えている人には異常な事だろう。

私の挙げた例は、まさに「考える手間を省いている」例です。結果を先に想定して、そこに到るプロセスを最小にする手順を考えるというのは、小林秀雄に言わせれば、「合理的」ではなく「能率的」なだけです。小林流の「合理的」とは、これは、と思ったものを見つけたら、結果が出ようが出るまいが、対象と向きあってとことん悩みぬくという姿勢そのものにあります。

ここで例を考えると、先ほどとはずいぶん違ったものになるでしょう。たとえば、神とは何かを考えつづける神学者、美とは何かを問いつづける芸術家、究極の一手とは何かを究めようとする囲碁や将棋の名人などが思いうかびます。

抽象的な内容を自分なりに理解するときも、それを他者に説明するときも、具体的な例を挙げることが欠かせません。**具体的な例が一つ浮かぶことで、霧が晴れたように理解が進むことがあります。**ただし、先ほどのように、**筆者の意図と外れた例を挙げてしまうと、理解がかえって阻害されることもあります。**その点には注意する必要があります。

筆者の表現意図を読む

行間を読むということで、橋渡し推論と精緻化推論、二つの推論について考察しました。しかし、行間を読むさいにもっとも大切なことは、文章の背後にある筆者のメッセージを知ることでしょう。すなわち、**「筆者の言いたいことは何か」という表現意図を見ぬくという推論が重要**なのです。

通常、文章は、筆者の表現意図は読めばわかるようになっているはずです。しかし、国語の入試問題でよく出題されることからもわかるとおり、しばしばその意図が見えにくい場合があります。一つは、筆者の表現意図と、それと対立する意図が絡まりあってわかりにくい場合、もう一つは、筆者が表現意図を表に出すことを控えている場合です。

まずは、筆者の意図と対立する意図が混在している場合を見てみましょう。次の文章は、先ほどの小林秀雄の文章の続きに当たる部分です。どの文が筆者の小林秀雄自身の意見で、どの文がそれと対立する者の意見か、区別して読んでください。

この事は、道徳の問題の上にもはっきり現れている。みんな考える手間を省きたがるから、道徳の命が脱落して了う、そんな風に見える。良心というような、個人的なもの、主観的なもの、敢えて言えば何やら全く得体の知れぬもの、そんなものにかかずらっていて、どうして道徳問題で能率があげられよう。そんなものは除外すればよい。わけはない話だ。これに代るものとして、国家の、社会の、或る階級の要請している、誰の眼にもはっきりした正義がある。これらの正義の観念は、その根拠を、外部現実の動きのうちに持っているのだから、歴史や場所の変化とともに変化するのは、わかり切った事である。何故、道徳の相対性に文句など附けるのか。道徳の相対性は、道徳原理の客観性の帰結ではないか。現実を直視せよ。良心の朦朧性などを信じているのは、現実逃避である。そんな事を言っている。よく出来た嘘をつくものだ。

道徳の客観的原理などに、誰が刃向えよう。みんな屈従するより他はない。一つの原理に反抗する事が出来るのも、別の原理に屈従すればこそだ。道徳が、外部から来る権威の異名なら、道徳は破壊か屈従かの道を選ぶ他はあるまい。手間を省いて考えれば、道徳の問題は、力と力との争いの問題になり下る。

小林秀雄自身の意見は、第一段落の最初の二文「この事は、道徳の問題の上にもはっきり現れている。みんな考える手間を省きたがるから、道徳の命が脱落して了う、そんな風に見える」と、最後の一文「よく出来た嘘をつくものだ」、および第二段落の最後の一文「手間を省いて考えれば、道徳の問題は、力と力との争いの問題になり下る」です。第二段落の最初の四文は「よく出来た嘘」の根拠ととらえれば、筆者の意見とも受けとれますが、内容の面から考えると、残りはすべて筆者に対立する意見です。

なぜそういう区別が可能なのでしょうか。それは、すでに見た部分で「手間を省く」「能率的」なものが、「合理的」との対立のなかで否定されているからです。したがって、この「手間を省く」「能率的」に連なる語群「正義」「外部」「現実」「相対性」「客観性」は筆者と対立する立場に入ります。一方、「良心」「個人的」「主観的」は筆者の立場に入る語群です。

もう一つ、筆者の立場を見ぬく手がかりになるのは、それぞれの段落の最後で筆者がきっぱりと言いきっている文です。「よく出来た嘘をつくものだ」「手間を省いて考えれば、道徳の問題は、力と力との争いの問題になり下る」の「嘘」や「なり下る」に筆者の立場に基づく評価が明確に含まれています。こうした、筆者の評価を含む語彙選択は、筆者の表現意図を知るうえで有力な指標となります。

さて、次は、筆者が表現意図を表に出すことを控えている場合について見てみましょう。

次の文章を読んで、筆者の言いたいことは何か、考えてみてください。

埼玉に住む不法滞在のフィリピン人一家が国外退去を命じられている問題に、蕪村の句を思い起こす。〈斧《おの》入れて香におどろくや冬木立〉。倒そうと斧を入れた木から生々しい香が立ちのぼった。生命力に打たれて詠んだ一句とされている。

一家の件では、親子という「生木」に入管当局の斧が入った。在留特別許可は認められず、父親は身柄を収容された。一人娘のカルデロン・のり子さん（13）を、両親と帰国するか、日本に残るかのつらい選択が待つ。立ちのぼるのは悲しみの香だろうか。

のり子さんは父母の国へ行ったことはない。日本語しか話せない。「母国は日本、心も日本人」と言う中学1年生だ。両親はまじめに働いて職場や地域になじみ、偽造旅券での入国ではあったが、この国に根を下ろしてきた。

13歳という年齢は、なかなか難しい。異国で一から出直すには日本に根を張りすぎている。だが親と離れて暮らすには、その根も幹もまだ弱い。いわば人生の早春である。両親と日本、どちらを選ぶにせよ、生木を裂かれる思いだろう。

いつも一定の基準にものごとを当てはめる、杓子定規《しゃくしじょうぎ》という言い方は江戸の昔からあった。庶民が大岡裁きの政談に喝采したのには、そうした背景もあっただろう。法は法として貴い。だが運用の妙があってもいい。

13日までに両親が帰国の意思を示さなければ、強制送還されるという。『家族3人で日本にいたい」とのり子さんは涙ぐむ。何とか手はないものか。彼女以外にも、同じ境遇で育ち、学ぶ子らが、日本には大勢いる。

（「天声人語」『朝日新聞』二〇〇九年三月一一日朝刊）

筆者の表現意図は、不法滞在のフィリピン人一家の国外退去処分について入管当局と裁判所の硬直した対応を批判するとともに、一家三人全員が日本に残れるように行政が寛容な措置を講ずることに期待するところにあると考えられます。しかし、そのことは明確には書かれていません。では、どうしてそのように読めるのでしょうか。

天声人語の筆者は、冒頭から第四段落までの比較的長い部分で、入管への思いを蕪村の「斧入れて香におどろくや冬木立」という句に託します。「斧」は入管、「冬木立」はフィリピン人一家の、「香」は一人娘のり子さんの悲しみです。この句にそって今回の事態を理解すれば、この一家にたいする血の通った措置が可能であるという論理になっています。

「母国は日本、心も日本人」として育ってきた一人娘のり子さんは、本人には何の負い目もないのに、突然両親か日本かの選択を迫られます。第二段落の末尾で、「一人娘のカルデロン・のり子さん（13）を、両親と帰国するか、日本に残るかのつらい選択が待つ。立ちのぼるのは悲しみの香だろうか」と描かれているとおりです。そして、第四段落の末尾で蕪村の句に則《のっと》り、「両親と日本、どちらを選ぶにせよ、生木を裂かれる思いだろう」と、思春期にあるのり子さんの不安な心理への配慮を求めます。

一方、裁判所の対応への批判は、第五段落の「杓子定規」という言葉に込められます。そして、杓子定規を排した大岡裁きを引き合いに出し、「法は法として貴い」ということで不法滞在を戒めつつも、「だが運用の妙があってもいい」として、裁判所に人情味を加味した判断を促します。

さらに、最終段落の「何とか手はないものか。」で、入管当局と裁判所の判断が下されて八方ふさがりになった現状を嘆きつつ、行政の温情ある特例措置を求めるのです。

意図を明確にしてしまうと、どうしても入管当局や裁判所への批判になってしまいます。それは、天声人語の筆者の本意ではないでしょう。筆者の主張は、行政や司法への批判にあるのではなく、日本で生活したいというこのフィリピン人一家の希望の実現にあります。行政や司法への批判があからさまになってしまうと、かえってうまく事が進まなくなるおそれもあるのです。その意味で、蕪村の句や大岡裁きに託して主張を展開するのは妥当な表現方法です。同時に、**読み手も、筆者のそのような表現動機や表現意図を考えて読みこむ必要があります**。そこまで読みとれて、初めてこの文章が理解できたと言えるでしょう。

感情移入

「犬が四本足で歩いている」と「犬がとぼとぼ歩いている」という二文を比べてみましょう。事実としては犬が歩いていることに変わりありません。しかし、どちらがより想像がふくらむ文か考えてみると、明らかに後者「とぼとぼ」を含む文でしょう。「とぼとぼ」からは、犬が一頭、寂しく元気なく歩いている様子が伝わってきます。読み手は犬に親近感を感じると同時に、どうして「とぼとぼ」歩いているのか、そうなった背景を読みこもうとするでしょう。

文学作品を読んでいると、**事実を描写しているにもかかわらず、そこからある種の感情が読みとれ、それを契機に登場人物に感情移入していけることがあります**。これもまた、行間を読むと呼ばれるものに含まれる現象の一つです。

文学作品においては喜怒哀楽を形容詞で表すことは一般に避けられる傾向にあります。手あかのついた直接的な表現が共感を呼ばないことを作家は経験的に知っているからです。

次の文章は、野坂昭如「火垂るの墓」(『アメリカひじき・火垂るの墓』新潮文庫)からの引用です。スタジオジブリのアニメとして一九八八年に『となりのトトロ』と同時上映されたことでも知られています。戦争で頼れる人をすべて亡くした幼い兄妹は二人で防空壕で暮らしますが、妹の節子は充分な配給が受けられず栄養失調で亡くなり、残された兄の清太もその後衰弱して死んでいきます。引用した場面は、清太が節子と死に別れる直前の場面です。

　横になって人形を抱き、うとうと寝入る節子をながめ、指切って血イ飲ましたらどないや、いや指一本くらいのうてもかまへん、指の肉食べさしたろか、「節子、髪うるさいやろ」髪の毛だけは生命に満ちてのびしげり、起して三つ編みにあむと、かきわける指に虱《しらみ》がふれ、「兄ちゃん、おおきに」髪をまとめると、あらためて眼窩《がんか》のくぼみが目立つ。節子はなに思ったか、手近かの石ころ二つ拾い、「兄ちゃん、どうぞ」「なんや」「御飯や、お茶もほしい?」急に元気よく「それからおからたいたんもあげましょうね」ままごとのように、土くれ石をならべ、「どうぞ、お上り、食べへんのん?」

この場面を読むと、ぐっとこみあげてくる感情を抑えることに苦労します。うとうと寝入る幼い妹の節子をながめているうちに、清太は「指切って血イ飲ましたらどないや、いや指一本くらいのうてもかまへん、指の肉食べさしたろか」という追いつめられた心境に陥っていきます。一見グロテスクにも見える清太の気持ちの背後には、飢えという事実への切迫感と、妹を思う深い愛情があふれています。

「髪の毛だけは生命に満ちてのびしげり」では、生命力あふれる髪の毛を「だけ」という助詞で取りたてることにより、生命力を失う身体の存在を対比的に浮かびあがらせています。節子の身体は弱りはてているのに、髪の毛だけがその最後の生命力を奪うかのように伸びている。生死をさまよう状況で、髪の毛のような、生にもっとも縁遠いものの描写に力を入れることで、節子の死が逆に近いことがわかります。また、それに引き続いて「髪をまとめると、あらためて眼窩のくぼみが目立つ」とすることで、生命力を帯びた髪の毛から、生命力を失った身体へと「あらためて」目を向けさせるきっかけを作りだしています。

一方、「節子はなに思ったか、手近かの石ころ二つ拾い」以降では、混濁《こんだく》する意識のなかでも、兄を思う気持ちだけは失わない健気《けなげ》な節子の様子がうかがえます。「　」のなかの節子の発話だけを見ていくと、新妻のような初々しい愛情を感じますが、現実に差しだされるのは石であり、そのギャップに読み手の目は釘づけになります。幻覚に襲われるほど衰弱した節子の病状への絶望感と、そんな状況下でも自分のことを思いやりつづける妹への愛情をまえに、清太の胸ははり裂けるばかりだったでしょう。悲しいとか、辛いとか、不憫《ふびん》だとか、そんな形容詞が陳腐《ちんぷ》に思えるような事実が力強く示されています。

この場面では、瀕死《ひんし》の妹に、自分の指を失ってでも飢えをしのがせてやりたいと思う兄と、自分も飢えているのにもかかわらず、兄に石ころのご飯を食べさせようとする妹。二人とも衰弱し、正気を失いかけてはいますが、兄妹の互いを思う愛情の深さだけは絶えることがありません。そのことが、死別の悲しみをいっそう引きたたせています。

もちろん、このように感情移入できるのは、読み手が、描写される事実のなかに感情を読みとろうと努めているからにほかなりません。もし読み手が事実を事実としてしか読まなければ、書き手がそこに込めている豊かな感情の機微《きび》は浮かびあがってきません。読むという営みが能動的な行為であるということに気づいていない読み手は、書き手が象徴的に暗示したさまざまなサインを見落としてしまうことになるのです。

批判的談話分析

感情移入という読み方はじつは両刃《もろは》の剣《つるぎ》です。文学作品であれば、思う存分感情移入してもあまり問題は起きませんが、事実を伝えることを目的とした文章に過度の感情移入は禁物です。とりわけ、ジャーナリズムやアカデミズムの文章では、事実の歪曲《わいきょく》やねつ造に注意する必要があります。つまり、感情移入してもよいジャンルと、適度な距離を取って内容を批判的に吟味すべきジャンルがあり、文章によって読み方を変えていく必要があるわけです。

文章の内容を批判的に吟味するさいに参考になるアプローチに、**批判的談話分析**（Critical Discourse Analysis: CDA）があります。日本ではまだあまりなじみがありませんが、欧米では文章や談話の分析の有力な潮流になりつつある学際的な研究分野です。

批判的談話分析は、権力を持つ体制がわのメディア・コントロールに対抗する性格を持っています。体制がわから発信される情報には、一見しただけでは見すごしてしまいそうな巧妙な形で、ある種の政治的イデオロギーが含まれているのが普通です。**権力を持つがわが世論をいかに操作しているか、そのからくりを、言語分析をとおしてあぶりだすのが批判的談話分析の目的です。**批判的談話分析は、私たち市民にたいし、メディアが政治的イデオロギー表明の場であることを教えると同時に、偏った情報に踊らされないメディア・リテラシーを育てるのに役立つ材料を提供してくれます。

ためしに、次の文章を読んでみてください。


現在、玉川市は市長の収賄疑惑がささやかれている。そこで、記者は、渦中にある市長に直撃取材を敢行した。

まず、市長に、特定の業者に便宜を図った事実があるかどうか尋ねた。すると、「そのような事実はない」とうそぶき、「そのようなことがあって良いわけがない」と言い捨てた。そこで、ある市議から聞いた業者の名前を告げたところ、「そのような名前の業者は聞いたことがない」と言葉を濁《にご》した。しかし、その市議からたしかに聞いたのだと食いさがると、「そんなに言うなら、明確な証拠を出してほしい」と声を荒げた。

またあらためて取材に来る旨を告げたところ、「お出でになるなら、きちんとした証拠を持ってきてほしい」と言い放ち、「そうでなければ、取材には応じられない」と捨て台詞《ぜりふ》を吐き、その場を立ち去った。

この文章を読み、「市長」にたいしてどのような印象を持ったでしょうか。もし市長にたいして反感を抱き、疑惑に関わっていると感じられたとしたら、それは記者の情報操作に乗ったことになります。そのことは、次の文章を読めば一目瞭然です。次の文章では、むしろ市長の冷静な対応が目立ちます。


現在、玉川市は市長の収賄疑惑がささやかれている。そこで、記者は、渦中にある市長に直撃取材を敢行した。

まず、市長に、特定の業者に便宜を図った事実があるかどうか尋ねた。すると、「そのような事実はない」と語り、「そのようなことがあって良いわけがない」と断言した。そこで、ある市議から聞いた業者の名前を告げたところ、「そのような名前の業者は聞いたことがない」と返答された。しかし、その市議からたしかに聞いたのだと食いさがると、「そんなに言うなら、明確な証拠を出してほしい」と応じられた。

またあらためて取材に来る旨を告げたところ、「お出でになるなら、きちんとした証拠を持ってきてほしい」と述べ、「そうでなければ、取材には応じられない」と話し、その場を立ち去った。

述べられている事実は同じです。違うのは、引用内容に引き続いて用いられている述部です。市長に疑惑が感じられる前者の文章では「うそぶく」「言い捨てる」「言葉を濁す」「声を荒げる」「言い放つ」「捨て台詞を吐く」という悪意のある言葉が使われています。一方、毅然とした対応と受けとれる後者の文章では「語る」「断言する」「返答される」「応じられる」「述べる」「話す」という中立的な表現が使われています。

つまり、「　」に入った引用内容は変えなくても、引用動詞さえ変えれば、発言者にたいして悪感情を持たせることができるのです。読み手が引用動詞に着目して行間を読んでしまうと、市長に反感を抱かせ、あわよくば市長を失脚させようとする筆者の術中にはまることになります。このような操作をする新聞や雑誌には注意が必要です。**筆者の隠れた意図を敏感に察知できるようになると、事実を曲解して伝える、記者の主観を忍ばせた文章のウソを見ぬけるようになります。**

◎「行間ストラテジー」のポイント

文章中の隠れた意味を読み解くには、次のことを意識する。

①あくまでも書かれた材料をヒントにして、書かれていないことを推論する。

②あるべき内容が描かれず、展開に飛躍がある場合、そこで立ち止まって深く考える。

③書いてある情報だけでは不充分に感じられる場合、理由や具体例を自分なりに補塡する。

④わかりにくい文章を読む場合、その背後にある筆者の表現意図を見抜くように努める。

⑤登場人物に感情移入する場合、事実の描写の背後にある感情を汲みとるようにする。

⑥事実を伝えることを目的とした文章を読む場合、文章の内容を批判的に吟味し、事実の描写の背後に隠された意図を見ぬくように心がける。

第九章　解釈ストラテジー　文に新たな価値を付与する力

解釈の柔軟性

前章の「行間ストラテジー」では、書かれている内容をヒントに、行間を背景知識から推論する技術について考えました。それは、あくまでも理解の技術です。本章の「**解釈ストラテジー**」では、さらに踏みこんで、多様な解釈を生みだす技術を考えます。

誰が読んでも基本的に共通した内容に到達するのが理解です。それにたいして、読み手によって異なる内容に到達するのが解釈です。**解釈は、読み手一人ひとりの個性によって、文章に新たな価値を付与する創造的な行為です。**

「解釈ストラテジー」は通常オフラインで起こります。すなわち、興味ある表現を見つけたら、読むことを一時中断して、その表現の意味をふくらませようと頭のなかであれこれ連想を働かせ、その表現を多面的に吟味します。文章から目を離して、自分の頭のなかで想像を広げるところから解釈は始まるのです。

解釈では、文章を一義的に理解せず、理解の複数の可能性に配慮することが大切です。そのことを、一つの短い表現をとおして確認してみましょう。

僕はタヌキだよ。

考えられる第一の解釈は、タヌキが話したとするものです。童話のなかでのタヌキの自己紹介の場面が想起されるでしょう。

第二の解釈は、タヌキの役になったというものです。幼稚園児が学芸会でタヌキの役になったことを両親に報告しているようなときに出てきそうです。

第三の解釈は、話し手の顔がタヌキに似ているというものです。「お前の顔ってキツネ顔だよな」と言われたときに否定の返答として成立します。

第四の解釈は、タヌキうどんを注文していたというものです。「お待たせしました。月見うどんをお持ちしました」というときに、注文が違うということを言うときに使えます。

これだけで四通りの解釈です。じつは、「僕」という一人称は、小さい男の子に向けた二人称としても使えます。つまり、「君」の意味にもなりうるわけです。そうすると、すでに示した四通りの解釈の二倍で、計八通りの解釈が可能です。

さらに、子どもどうしでタヌキの絵が描いてあるコップの取りあいをしているときや、腹の底では何を考えているかわからない人間という自己評価をしているときにも使えそうです。ほかにも、与えられた状況によってさまざまな解釈が可能でしょう。「僕はタヌキだよ」という単純な一文でさえ、このような解釈が可能なことに言葉の不思議さを感じます。

寓喩と寓話

比喩という表現技法のなかに**寓喩**《ぐうゆ》と呼ばれるものがあります。
「ナマズのようなヒゲをたくわえている」のような**直喩**、「人間は考える葦である」のような**隠喩**とは異なり、寓喩は、その文だけを見ても比喩だとわからないものです。

狭い門から入りなさい。

この文を見ているだけでは比喩だとは気づきません。事実、複数の門を持つ邸宅があったとき、「狭い門から入りなさい」と指示された場合、比喩ではありません。

ところが、「狭い門から入りなさい。滅びに通じる門は広く、その道も広々として、そこから入る者が多い。しかし、命に通じる門はなんと狭く、その道も細いことか。それを見いだす者は少ない。」（「マタイによる福音書」七章一三〜一四節『聖書 新共同訳』日本聖書協会）という文脈に置かれたとき、「狭い門」は神の道に通じる門であることがわかります。この「狭い門」という言葉は、文語訳の「狭き門」という形で流通し、競争率の高い試験などの比喩として使われていることは周知のとおりです。

寓喩の場合、当該の文だけ見ていても比喩であることはわかりませんが、前後の文脈を見ればそれが比喩であることと、何にたとえた比喩かということがわかります。しかし、寓話と呼ばれる文章全体が比喩として成り立つようなものの場合、その話自体が何かを暗示していることはわかるのですが、何にたとえた比喩かは読み手の解釈によって異なります。「北風と太陽」「アリとキリギリス」「ウサギとカメ」などで知られるイソップ物語は、何らかの教訓を含む寓話です。次の文章は安部公房「良識派」（『安部公房全集9』新潮社）の全文です。この文章は、何の比喩として読めるでしょうか。

昔は、ニワトリたちもまだ、自由だった。自由ではあったが、しかし原始的でもあった。たえずネコやイタチの危険におびえ、しばしばエサをさがしに遠くまで遠征したりしなければならなかった。ある日そこに人間がやってきて、しっかりした金網つきの家をたててやろうと申し出た。むろんニワトリたちは本能的に警戒した。すると人間は笑って言った。見なさい、私にはネコのようなツメもなければ、イタチのようなキバもない。こんなに平和的な私を恐れるなど、まったく理屈にあわないことだ。そう言われてみると、たしかにそのとおりである。決心しかねて、迷っているあいだに、人間はどんどんニワトリ小屋をたててしまった。

ドアにはカギがかかっていた。いちいち人間の手をかりなくては、出入りも自由にはできないのだ。こんなところにはとても住めないとニワトリたちがいうのを聞いて、人間は笑って答えた。諸君が自由にあけられるようなドアなら、ネコにだって自由にあけられることだろう。なにも危険な外に、わざわざ出ていく必要もあるまい。エサのことなら私が毎日はこんできて、エサ箱をいつもいっぱいにしておいてあげることにしよう。

一羽のニワトリが首をかしげ、どうも話がうますぎる、人間はわれわれの卵を盗み、殺して肉屋に売るつもりではないのだろうか？　とんでもない、と人間は強い調子で答えた。私の誠意を信じてほしい。それよりも、そういう君こそ、ネコから金をもらったスパイではないのかね。

これはニワトリたちの頭には少々むずかしすぎる問題だった。スパイの疑いをうけたニワトリは、そうであることが立証できないように、そうでないこともまた立証出来なかったので、とうとう仲間はずれにされてしまった。けっきょく、人間があれほどいうのだから、一応は受入れてみよう、もし工合がわるければ話し合いで改めていけばよいという、「良識派」が勝をしめ、ニワトリたちは自らオリの中にはいっていったのである。

その後のことは、もうだれもが知っているとおりのことだ。

「良識派」という作品はもちろん家畜化したニワトリの話と読むこともできます。しかし、ニワトリの話としてだけ読んだ人はほとんどいないでしょう。

この話は、ときの権力者にまるめこまれて体制化していく衆愚政治の話としても読めますし、戦時体制に飲みこまれて軍国主義化していった戦時中の話としても読めるでしょう。巧みな教師の言葉に誘導されて学校の管理体制に組みこまれていく生徒会の話としても読めるかもしれませんし、企業の論理に取りこまれて闘争の牙を抜かれ、御用組合化していく労働組合の話として読むことも可能です。

含蓄のある文章は、読み手の想像力を刺激し、多様な読み方を許容するものです。そこで、読み手は、**深みのある文章に出会ったら、そこに、自己の専門性や個人的経験、思想的背景を投影して読んでみる**ことをお勧めします。すると、それまでは見えていなかった文章の新たな解釈が立ち現れ、その文章に新たな価値が付与されるのです。

そうすることで、一見寓話にはみえない文章を寓話として読むことも可能になります。たとえば、『ひきこもりカレンダー』（文春ネスコ）の対談のなかで、精神科医の斎藤環氏は、筆者の勝山実氏が読んでおくべき本として紹介した井伏鱒二「山椒魚」にたいし、「究極のひきこもり文学」という解釈を提示しています。

次の文章は「山椒魚」（『井伏鱒二全集　第一巻』筑摩書房）の冒頭の部分ですが、山椒魚を引きこもりの若者と重ねて読んでみてください。

山椒魚は悲しんだ。
彼は彼の棲家である岩屋から外へ出てみようとしたのであるが、頭が出口につかへて外に出ることができなかつたのである。今は最早、彼にとつて永遠の棲家である岩屋は、出入口のところがそんなに狭かつた。そして、ほの暗かつた。強ひて出て行かうとこゝろみると、彼の頭は出入口を塞ぐコロップの栓となるにすぎなくて、それはまる二年の間に彼の体が発育した証拠にこそはなつたが、彼を狼狽させ且つ悲しますには十分であつたのだ。

たしかに、そうした目で読んでみると、頭が出口につかえて岩屋の外に出られない山椒魚が、自我が肥大して家から出られなくなった引きこもりの若者の姿に重なって見えてくるから不思議です。

暗黙の前提を疑う

読み手は文章を読むとき、知らず知らずのうちに**暗黙の前提**を読みこみ、それが読み手の解釈を規定しています。次の文章を読んでください。

四年前、近所のみどり幼稚園に通っていた娘は、当時担任だったS先生のことが大好きで、毎日の登園がほんとうに楽しそうだった。当時、S先生は短大を卒業して二年めの若い方だったが、明るく元気なだけでなく、園児一人ひとりにきめ細かな心配りのできる温かい先生だった。

娘が卒園するころ、S先生は結婚した。お相手は、幼稚園の送迎バスの運転手さんだった。結婚式の直前、私が「お似合いですね」と声をかけると、S先生は恥ずかしそうに、でも嬉しそうに「ありがとうございます」と小声で答えられた。職場結婚であるが、子どもが生まれるまで同じ職場で一緒に働くつもりだとおっしゃっていた。

そのS先生と、先週の日曜日に近所のスーパーでばったり出会った。一歳くらいのお子さんを連れていた。「先生、お久しぶりです。かわいいお子さんですね」と声をかけると、「ありがとうございます」と、あのときと同じく恥ずかしそうに、でも嬉しそうに答えられた。「お仕事はどうなさっているのですか」と尋ねると、「連れ合いが仕事をやめ、家事と子育てに専念してくれているので、私は楽しく先生稼業を続けています」と明るい返事が返ってきた。

この文章は二通りの解釈があります。一つの解釈は、S先生の結婚相手である送迎バスの元運転手さんが主夫をしているという解釈です。男性が家庭に入って家事を担当するということは、割合としては高くはありませんが、けっして珍しい光景ではありません。

もう一つの解釈は、S先生は男性で、送迎バスの元運転手さんが女性だという解釈です。私の小学校以来の友人は男性で幼稚園の先生をしていますし、男性保育者のネットワークも全国各地にあります。短大もまた現在では「女子短大」と銘打っていないかぎり、男性の入学を許可するのが普通です。大型免許を持つ女性ドライバーも昨今ではよく見かけるようになりました。

医者や政治家は男性で、看護師や幼稚園教諭が女性だと考えるような時代はすでに終わっています。しかし、私たちが文章を理解するさいに駆動するスキーマはかなり保守的で、女医や女性議員、女優や看護婦といった言葉に縛られつづけているのです。ジェンダー、すなわち社会的な意味での性という視角は、こうした暗黙の前提に気づかせてくれる働きがあります。

日本語を母語とせず、日本文化のなかで育たなかった外国人や海外出身者の解釈もまた、日本語の文章の暗黙の前提に気づかせてくれる可能性を持っています。

　私の友人は大学を中退し、しばらく演劇に打ちこんでいた時期があった。その間の経歴には穴があいている。また、二〇代はいろいろな仕事に挑戦できる機会だからと、派遣労働者としてさまざまな職種を経験した。そのため、三〇代になって正社員になろうと思って履歴書を出しても、一次審査も通らず、面接に進むことができない。誠実な人柄で、性格も明るく、事務能力も高い人であるだけに残念だ。

　この文章をある欧米系の留学生に見せたところ、書かれている内容が理解できないと言われました。日本語が難しくて理解できないのではなく、この文章の背後にある文化的背景が理解できないのだそうです。正社員になるためには書類による一次審査があり、そこでは一つの職場で長く留《とど》まりつづけることが評価される。多様な職種を経験することは、職場を転々とせざるをえなかった何事も長続きしない人と見なされ、履歴書の空白期間は問題視される。会うこともしないで、履歴書一枚の情報で応募者の人生を評価するシステムが、その欧米系の留学生には飲みこめなかったのです。

一方、同じ文化圏に属していても、その文化圏のなかに存在する微妙な差が理解の障害になるケースもあります。たとえば、漢字文化圏である中国、台湾、かつて漢字文化圏であり、現在でも漢語を豊富に用いる韓国、ベトナムは、かなり理解の共通性を持っています。ところが、漢字を用いたコミュニケーションであっても、意味のニュアンスの差に苦しめられます。

中国を例にとってみましょう。中国語の「汽車」が「自動車」を、中国語の「手紙」が「トイレットペーパー」を意味することはさほど問題にはなりません。意味のズレがはっきりしているからです。

中国人が日本の漢字を見てびっくりするのは、漢字という文字が喚起するイメージの差です。たとえば、「暗算」。中国語では「心算」といいます。中国語の「暗算」は「悪だくみをする」という意味だそうです。たしかに、「悪だくみ」には「暗い計算」が含まれます。

また、日本語で手紙やメールの文末に使われる「ご自愛ください」という表現にも違和感を覚えるそうです。「自分をもっと大切にしなさい」ということから、行動を慎みなさいという意味になるからです。不特定多数の男性とつきあう女性や、自傷行為に走る若者を戒めるのに使われるそうです。そういう意味だとすれば、手紙やメールの末尾で「ご自愛ください」と見かけた中国人は、たとえ日本語が堪能であっても、一瞬ドキッとするでしょう。

ある中国人留学生から、工場に掲げてある「油断一秒、怪我一生」という標語を見て噴きだしてしまったという話を聞いたこともあります。「怪」という字は中国語では「責める」という意味になるのだそうで、中国語では「油を一秒断つと、私は一生責められる」という意味になります。

ほかにも、「東京海上火災」という固有名詞が東京湾の大火事をイメージさせたり、中国の街角でよく見かける「小心地滑」という看板のしたに、英語で「CAUTION! WET FLOOR」とあるのを見てホッとさせられたりするのは、彼我の漢字の意味に微妙なズレがあるからです。漢字の持つ表意性にも、それぞれの文化固有のイメージが染みついていることがわかります。

読み手は自己の社会・文化的背景を無意識のうちに文章に読みこみ、それが理解の偏り、つまり解釈となって現れるものです。読み手が社会的、文化的マイノリティ（少数派）に含まれていれば、マジョリティ（多数派）には見えないものが見え、新しい解釈を生みだせる可能性が高まるわけです。

もし読み手が若い日本人の男子学生なら、自分が高齢者・留学生・女性だったとしたら、自分が今読んでいる文章をどう読みどう感じるだろうか考えてみてください。そうすることで、これまで気づかなかった何かが見えてきます。**暗黙の前提を疑い、新たな解釈を生みだす力は、自分と異なる社会・文化的立場に身を置くささやかな思考実験から生まれます。**

創造的に読む

「解釈のストラテジー」の醍醐味《だいごみ》は、それまで誰も気づかなかったような、独自の解釈の可能性を見いだすところにあります。文学者や哲学者はそうした新たな読みの生成に心を砕いて、日々の研究を営んでいます。

夏目漱石の『坊っちゃん』という作品を例に考えてみましょう。なお、以下に示す解釈は、片岡豊・小森陽一編『漱石作品論集成【第二巻】坊っちゃん・草枕』（桜楓社）を参考にしています。

まず、『坊っちゃん』の通俗的な理解を紹介しておきましょう。『坊っちゃん』は、無鉄砲で家族からは疎《うと》んじられ、女中の清だけには愛される、江戸っ子気質で正義感の強い主人公「坊っちゃん」が、四国のある中学校に赴任しますが、当地の教員や学生たちになじめず対立し、山嵐という教師と共闘して事件に対処するものの、最終的には辞表を叩きつけて帰京し、街鉄（現在の都電）の技手として清のもとに戻る痛快ユーモア小説と一般には理解されています。

しかし、『坊っちゃん』という作品はほんとうにこのように読むしかないのでしょうか。ここでは三つの問いを投げかけることで、それ以外の解釈を試みてみることにします。

①「なぜ江戸っ子だった坊っちゃんは四国に赴任したのか」

それは、母のような清の理解のない溺愛《できあい》が重たかったから、そこから逃げだしたかったと考えることも可能です。坊っちゃんは両親からは愛されず、清からだけ愛されていたと感じていましたが、父親を尊敬し、清を疎ましく思っていた節もあります。たとえば、坊っちゃんは、清が兄に隠れて自分にだけ物をくれることに違和感を抱く場面があります。「なぜ、おれ一人にくれて、兄さんには遣《や》らないのかと清に聞く事がある。すると清は澄《すま》したもので御兄様《おあにいさま》は御父様が買って御上げなさるから構いませんと云う。これは不公平である。おやじは頑固《がんこ》だけれども、そんな依怙贔負《えこひいき》はせぬ男だ。然し清の眼から見るとそう見えるのだろう。全く愛に溺《おぼ》れていたに違《ちがい》ない」。そして、単身四国の旧制中学校に赴任します。しかし、清と離れて暮らしてみて、溺愛してくれた清の存在を再評価し、最終的には自らを受けいれてくれる清のもとに帰ります。しかし、清を聖母のような慈愛に満ちた存在として受けとることはもはや難しいように思われます。

②「なぜ坊っちゃんは四国の生活になじめず、帰京する決意をしたのか」

それは、坊っちゃんが言葉をつねに字義通り受けとめ、本音と建て前を区別できない、単純で非常識な人物だったからでしょう。「新築の二階から首を出していたら、同級生の一人が冗談《じょうだん》に、いくら威張《いば》っても、そこから飛び降りる事は出来まい。弱虫やーい。と囃《はや》したから」簡単に飛び降りてしまう坊っちゃんです。赴任早々校長に「生徒の模範《もはん》になれの、一校の師表と仰《あお》がれなくてはいかんの、学問以外に個人の徳化を及《およ》ぼさなくては教育者になれないの」という長談義を聞かされた坊っちゃんは、「到底《とうてい》あなたの仰《おっし》ゃる通りにゃ、出来ません、この辞令は返します」と言って笑われ、「おれは野だの云う意味は分らないけれども、何だか非常に腹が立ったから、腹案も出来ないうちに起《た》ち上がってしまった。『私は徹頭徹尾反対です……』と云ったがあとが急に出て来ない。『……そんな頓珍漢《とんちんかん》な、処分は大嫌《だいきらい》です』」と言って笑われます。坊っちゃんは、建て前によるコミュニケーションが理解できない、いわば空気の読めない常識外れの人物として描かれているわけです。漱石自身も「文学談」のなかで「単純すぎて経験が乏し過ぎて現今のような複雑な社会には円満に生存しにくい人だなと読み手が感じて合点しさへすれば、それで作者の人生観が読み手に徹したと云ってもよいのです」と語っています。

本音と建て前を区別する生き方は、処世術に長けた大人の生き方です。松山での生活をとおして、坊っちゃんはそうした世間的な価値観を意識せざるをえなくなりました。しかし、そうした価値観になじめず、言葉を字義通り受けとめて生きつづけるしかない坊っちゃんは、「おれの事を慾《よく》がなくって、真直《まっすぐ》な気性だと云って、ほめる」清のもとに帰るのです。

③「坊っちゃんはほんとうに正義感あふれる人物だったのか」

坊っちゃんは自己評価を好み、自己を純粋で正直で正義感あふれる人物として考えているように見えます。冒頭の「親譲《おやゆず》りの無鉄砲《むてっぽう》で小供の時から損ばかりしている」にはじまり、「おれは何が嫌《きらい》だと云って人に隠れて自分だけ得をする程嫌《いや》な事はない」「おれは嘘をつくのが嫌《きらい》だから」「おれは前に云う通りあまり度胸の据《すわ》った男ではないのだが、思い切りは頗《すこぶ》るいい人間である」など、随所に自己評価が見られます。坊っちゃんのそうした自己理解を、読み手も坊っちゃんのほんとうの気質として理解しがちです。

しかし、坊っちゃんの行動原理は、よく見ると論理ではなく好悪です。周囲の人間に「狸（校長）」や「赤シャツ（教頭）」などとあだ名をつけ、こういう人物だとレッテルを貼るのが好きな坊っちゃんは、「議論のいい人が善人とはきまらない。遣り込められる方が悪人とは限らない。〔中略〕人間は好き嫌《きらい》で働らくものだ。論法で働らくものじゃない。」と考えています。論理的な思考は苦手で、感覚的な判断に還元させて考えるのがつねです。むしろ、共闘した山嵐のほうが正義感で生きる人物で、そのために免職されます。坊っちゃんは校長や教頭から害にならないと見ぬかれており、辞表を出すようには言われません。そうした目で坊っちゃんを見はじめると、坊っちゃんを正義感あふれる人物として見なしにくくなっていくことに気づくはずです。

作品を読むというのはとても難しい作業です。坊っちゃんを反権力の人物として読もうとすると、権力志向もあることに気づきます。正義感あふれる人物として読もうとすると、子どもっぽい好悪の感情で動いていることに気づきます。雄弁な人物として読もうとすると、口ごもる場面が目につきます。清を愛する人物として読もうとすると、疎ましく思っている記述に出会います。さばさばした明るい人物と読もうとすると、じめじめした暗い面が見えてきます。坊っちゃんを型にはめようとすると、するりと逃げてしまうのです。

文章全体を整合的に読もうとすると、そこにかならずほころびが生まれます。しかし、**そのほころびを繕《つくろ》おうと新たな手当を施すことで、今まで隠れていた新しい解釈が顔を出す**のです。

別の言葉に置き換える

教会の結婚式でよく朗読される「愛の讃歌」と呼ばれる聖句があります。以下にはその一部を引用します。

愛は忍耐強い。愛は情け深い。ねたまない。愛は自慢せず、高ぶらない。礼を失せず、自分の利益を求めず、いらだたず、恨みを抱かない。不義を喜ばず、真実を喜ぶ。すべてを忍び、すべてを信じ、すべてを望み、すべてに耐える。

（「コリントの信徒への手紙一」一三章四〜七節『聖書 新共同訳』日本聖書協会）

聖書における愛の定義ともいえるところです。この聖書の箇所は、ある対象に愛があるかどうかを測る物差しにもなります。「愛」のかわりに「私」を入れてみて読んでください。

私は忍耐強い。私は情け深い。ねたまない。私は自慢せず、高ぶらない。礼を失せず、自分の利益を求めず、いらだたず、恨みを抱かない。不義を喜ばず、真実を喜ぶ。すべてを忍び、すべてを信じ、すべてを望み、すべてに耐える。

ご自身に何項目当てはまったでしょうか。このテストをすると、自分に愛がないということを否応《いやおう》なしに痛感させられます。ここに、「父」や「母」といった肉親、「親友」や「恋人」といった親しい人、「先輩」や「上司」といった目上の人、「首相」や「政府」といった政治主体、何を入れてもよいでしょう。抽象的にしか見えていなかった愛というものが具体的に見えてきます。ことによっては、日本政府よりも我が家のポチのほうが愛にあふれていたなどという結論になるかもしれません。

究極的にいえば、この愛の各項目をすべて満たす人物はいないでしょう。キリスト者は、この愛の讃歌の「愛」をイエス・キリストに置き換え、その比類なき愛を讃えます。

「愛」のような**抽象的な言葉が抽象的な文脈で使われている場合、別の具体的な言葉に置き**

換えると、具体性が一気に高まり、理解が急速に深まることがあります。こうしたささやかな試みも、理解を深める一つのストラテジーと考えてよいでしょう。

解釈を止める

最後に挙げる例も聖書からの引用です。

「信じる者は救われる」という言葉を聞いたことがある人は多いと思います。キリスト教会のなかでこの言葉が使われることはあまりないのですが、外からキリスト教を眺めた場合、この言葉でキリスト教をとらえている人も少なくないだろうと思います。

問題は、「信じる者は救われる」のなら、信じない者はどうなるかです。「信じる者は救われる」という表現には「信じない者は救われない」という裏の意味が含意されているようにも見えます。また、それを裏づけるような聖句もないわけではありません。しかし、私自身は、そうした解釈は保留したほうがよいと考えています。

新約聖書の福音書には、イエス・キリストが十字架にかけられる場面が描かれています。たとえば、ルカによる福音書では、イエス・キリストの両側に二人の犯罪人が十字架にかけられており、次のようなやりとりが記されています。

十字架にかけられていた犯罪人の一人が、イエスをののしった。「お前はメシアではないか。自分自身と我々を救ってみろ。」すると、もう一人の方がたしなめた。「お前は神をも恐れないのか、同じ刑罰を受けているのに。我々は、自分のやったことの報いを受けているのだから、当然だ。しかし、この方は何も悪いことをしていない。」そして、「イエスよ、あなたの御国《みくに》においでになるときには、わたしを思い出してください」と言った。するとイエスは、「はっきり言っておくが、あなたは今日わたしと一緒に楽園にいる」と言われた。

（「ルカによる福音書」二三章三九〜四三節『聖書 新共同訳』日本聖書協会）

私がここで気になるのは、たしなめたほうの犯罪人ではなく、ののしったほうの犯罪人です。この人はその後どうなったのでしょうか。私の答えは「わからない」です。ののしった犯罪人の、たしなめられたあとの行動について、聖書は沈黙を守っています。ののしりつづけたかもしれませんし、口をつぐんだかもしれません。たしなめた犯罪人と同様に「わたしを思い出してください」と言ったかもしれません。どう解釈するかは読み手の人間理解にかかっていますが、大切なことは、聖書がその点に言及するのを控えているという事実です。

また、かりにののしりつづけたとして、その犯罪人は救われなかったのでしょうか。これについてはますますわかりません。一クリスチャンとしては、救いというのは神の専権事項であり、軽々に判断すべきものではないと考えています。ただ、もし想像することが許されるのであれば、ののしった犯罪人も、たしなめた犯罪人とともに、楽園にいる姿を思いうかべたいように思うのです。神による救いが、人間の常識や理解をはるかに超えた不思議な出来事であるならば、その力は、人間の常識や理解による枠をはるかに超えて及んでも不思議はないからです。ただし、これもまた、私の一つの解釈にすぎません。

解釈が困難な場合は、自分にはわからないということを自覚し、解釈を保留する勇気が必要です。**解釈をあえて保留するところに新たな解釈が生まれる可能性さえある**のです。

本章の最後に述べたかったことは、解釈万能論の危険性です。解釈はたしかに理解を深める有力な手段ですが、同時に解釈には限界もあります。書かれた内容を無視し、書かれた表現から逸脱した解釈は、もはや理解としての価値を持ちません。解釈が一定の説得力を持ちうるためには、それが一見どんなに文章から離れているように見えても、その底では文章全体の内容と深く関わっていなければなりません。**解釈が理解の一種である以上、解釈の価値はもとの文章との整合性で測られる必要がある**のです。

読むという行為は文章がなければ成り立ちません。文章は書いてあることがすべてです。書いてあることに謙虚になり、牽強付会《けんきょうふかい》な解釈は慎む必要があると、自戒を込めて思います。

◎**「解釈ストラテジー」のポイント**

文章を創造的に読むためには、次のことを意識する。

①含蓄のある文章に、自己の専門性や個人的経験、思想的背景を投影し、寓話化してみる。
②暗黙の前提を疑い、自分と異なる社会・文化的立場に立った理解を試みる。
③文章を整合的に理解するときに生じるほころびを繕うような新たな理解を想定する。
④抽象的な文脈に置かれた抽象的な言葉を、自分に身近な具体的な言葉に置き換えてみる。
⑤無理な解釈を保留し、文章がそこまでしか書かれていない理由を考える。
⑥多様な解釈をもとの文章に還元し、その整合性を検討する。

第十章　記憶ストラテジー　情報を脳内に定着させる力

記憶ストラテジーとは

読みやすい文章が記憶に留まりやすいかというと、かならずしもそうとはかぎりません。スッと頭に入る文章は、スッと頭から抜けていきます。むしろ、試行錯誤のすえにようやく理解できた難しい文章のほうが、記憶に残っていることが多いものです。

読書というのは文字をとおして得られる知識を記憶に留め、それをその後の生活や実務に生かしていく活動だと考えるならば、一見効率がよいように見える速読という方法は、もっとも効率が悪い活動だということになります。速読の弱点はここにあります。

速読は、基本的に仕事、とくにルーティン・ワークに向いています。読み手が専門家として携わっていて、限られた時間内で文書を効率よく処理する活動です。頭のなかにある既存のスキーマを活用はしますが、そのスキーマ自体を組み換えることはありません。第二部で速く効率的に読むためのストラテジーとして紹介したものは、このタイプの読み方です。

一方、精読は、基本的に創造的な活動に向いています。創造のための読書は、読み手がじっくりと時間をかけて文章と向きあって進めるものです。頭のなかにあるスキーマに働きかけ、そのスキーマに肉づけをしたり、ときにはスキーマそのものを構築したり組み換えたりもします。この第四部で深く多面的に読むためのストラテジーとして紹介しているのは、このタイプの読み方です。

速読に慣れてしまった頭を精読に切り換えるのは難しいものです。精読を質の高いものにするには、自動化された理解活動を非自動化、複線化し、能動的なものにする必要があります。最後のストラテジーである記憶ストラテジーを紹介するこの章では、**理解の速度を落とし、脳内に情報を留めやすくするさまざまな方法を検討します。**

反復読み

読み手にとって理解しにくい文章は悪文と呼ばれます。しかし、読みにくいはずの悪文の効用が説かれることがあります。名文はなめらかで読んでいると自然にスッと頭に入ってくるものですが、悪文はごつごつしていて読んでいても一向に頭に入ってきません。そこで、悪文の場合、読み手は文章に能動的に働きかけて意味を見いだそうとします。その過程で文章をくり返し読み、内容が徐々に頭に入ってきます。結果として、悪文のほうが読み手の脳裏に刻みつけられやすいという逆説が生まれるのです。

次の文章を読んでその内容を理解し、文の構造がどのようになっているか、分析してみてください。必要があれば、くり返し読んでください。

お弁当箱に食べ残しのごはん三粒、千万人が一日に三粒ずつ食べ残しても既にそれは、米何俵をむだに捨てた事になる、とか、或《あ》いは、一日に鼻紙一枚の節約を千万人が行うならば、どれだけのパルプが浮くか、などという「科学的統計」に、自分は、どれだけおびやかされ、ごはんを一粒でも食べ残す度毎に、また鼻をかむ度毎に、山ほどの米、山ほどのパルプを空費するような錯覚に悩み、自分がいま重大な罪を犯しているみたいな暗い気持になったものですが、しかし、それこそ「科学の嘘《うそ》」「統計の嘘」「数学の嘘」で、三粒のごはんは集められるものでなく、掛算割算の応用問題としても、まことに原始的で低能なテーマで、電気のついてない暗いお便所の、あの穴に人は何度にいちど片脚を踏みはずして落下させるか、または、省線電車の出入口と、プラットホームの縁《へり》とのあの隙間《すきま》に、乗客の何人中の何人が足を落とし込むか、そんなプロバビリティを計算するのと同じ程度にばからしく、それは如何《いか》にも有り得る事のようでもありながら、お便所の穴をまたぎそこねて怪我《けが》をしたという例は、少しも聞かないし、そんな仮説を「科学的事実」として教え込まれ、それを全く現実として受取り、恐怖していた昨日までの自分をいとおしく思い、笑いたく思ったくらいに、自分は、世の中というものの実体を少しずつ知って来たというわけなのでした。

（太宰治『人間失格』新潮文庫）

悪文というほど読みにくい文章ではないかもしれませんが、一読して、その構造まで理解するのは難しかったのではないでしょうか。それは、この引用が長大な一文からなっており、その内部が複雑な階層構造をなしているからです。とくに、日本語の場合、言いたいことが最後に来る構造になっていますので、読みおわるまで書き手の言いたいことがつかみにくかったということもあるでしょう。

ただ、二読、三読すれば、内容は次第に頭のなかに定着してくると思います。**くり返し読**

むことで文章の話題と書き手の言いたいことが徐々に見えてくれば、トップダウン処理によって内容を整理することが容易になるからです。記憶のストラテジーとして、最初に考えられるのがこの**反復読み**です。

　この文章の構造は、「世の中を知らなかったかつての自分」「世の中を知った今の自分」「結論」という三つの部分からなっています。

　その内容を要約すると、「かつての自分は、科学的統計におびやかされ、錯覚に悩み、暗い気持ちになったものだ」「しかし、今はそうしたものの嘘に気づき、ありえない可能性を信じていた自分をばからしく思っている」「そんな嘘を信じこまされていたかつての自分がいとおしく笑いたく思えるほど、今の自分は世の中のことがわかってきた」という流れになっています。

　以下では、その三つの部分をそれぞれ構成する幹となっている述部を取りだし、その述部に枝葉の内容を補塡するという形で、原文の構造を示すことにします。

【かつての自分】

お弁当箱に食べ残しのごはん三粒、
千万人が一日に三粒ずつ食べ残しても
既にそれは、米何俵を
むだに捨てた事になる
とか、
或いは、
一日に鼻紙一枚の節約を千万人が行うならば、
どれだけのパルプが浮くか
などという

科学的統計 に、自分は、
どれだけおびやかされ、

ごはんを一粒でも食べ残す度毎に
山ほどの米、山ほどのパルプを空費するような
また
鼻をかむ度毎に

錯覚 に悩み、

自分がいま重大な罪を犯しているみたいな

暗い気持 になったものですが、

【今の自分】

しかし、

三粒のごはんは集められるものでなく

それこそ、「科学の嘘」「統計の嘘」「数学の嘘」で、

掛算割算の応用問題としても、まことに原始的で低能なテーマで、

電気のついてない暗いお便所の、
あの穴に人は何度にいちど片脚を踏みはずして落下させるか、
または、
省線電車の出入口と、プラットホームの縁とのあの隙間に、
乗客の何人中の何人が足を落とし込むか、

そんなプロバビリティを計算するのと
同じ程度にばからしく、

それは如何にも有り得る事のようでもありながら、

お便所の穴をまたぎそこねて怪我をしたという

例は、少しも聞かないし、

【結論】

そんな仮説を「科学的事実」として教え込まれ、
それを全く現実として受取り、
恐怖していた

昨日までの自分をいとおしく思い、
笑いたく思ったくらいに、

⇦

自分は、世の中というものの実体を少しずつ知って来たというわけなのでした。

このように、構造を丹念に分析すると、複雑な内容でも理解できるようになります。そして、**構造を分析するさいに試行錯誤することで、その内容が整理された形で記憶として残りやすくなる**のです。多数の文からなる長い文章の場合はフローチャートにまとめてみるのもよいでしょう。そうすることで読んだ内容が使える知識に変わります。

音読

記憶に定着させるための二つめのストラテジーは**音読**です。本書ではこれまで黙読を前提として論じてきました。しかし、読み手は、頭のなかで文字を音に置き換えていないと考えてよいのでしょうか。

個人差や読み方によって異なるでしょうが、文章を理解するときにまったく音にしていないと考えるのは無理がありそうです。次の文を読んでください。

ぼくは起きあがるとき、頭を、ベッドのすぐ側にあった机の角にぶつけた。

この文を「ぼくは起《お》きあがるとき、頭《かしら》を、ベッドのすぐ側《がわ》にあった机《つくえ》の角《つの》にぶつけた」と読んでしまったとしたら意味不明です。「ぼくは起《お》きあがるとき、頭《あたま》を、ベッドのすぐ側《そば》にあった机《つくえ》の角《かど》にぶつけた」と読んでいるはずです。そうだとしたら、漢字の意味を理解するさいにも、音の媒介があると考えられます。

それでは、読み手は頭のなかで文字をつねに音に置き換えて理解しているのでしょうか。

そう考えるのも無理がありそうです。次の文を読んでください。

マニア垂涎の的である昭和のレトロ雑貨が廉価で購入できる稀有な三日間であった。

先ほど文字を音にする練習をしたばかりですし、本書の読者ならサッと頭のなかで音読できてしまったかもしれません。

しかし、「垂涎《すいぜん》」「的《まと》」「廉価《れんか》」「稀有《けう》」は難読漢字です。「的」は音にしないと意味がピンと来ませんが、それ以外の三語は、「垂涎」＝「ヨダレをたらす」、「廉価」＝「安い価格」、「稀有」＝「まれにしかない」という意味であることが、漢字の表意力のおかげで、音にできなくても想像がついたのではないでしょうか。

私たちは、読めない漢字に出会っても、使われる場面から自然と意味を察しています。「一周忌《き》」は大切な人が亡くなって、一年経《た》ったときの行事であるとか、「御芳名《ごほうめい》」は結婚式やパーティーの出席案内で自分の名前を書くべきところにある言葉であるとかいう具合です。

じつは、私は「貼付」が最近まで読めませんでした。履歴書などで写真を貼る欄に印刷してある文字だという印象でしか見ていませんでした。読めなくても、何をすればよいかわかるので困らなかったのです。もし読めと言われたら、「はりつけ」か「てんぷ」と読んだだろうと思います。それでも慣用的には間違いとはされないようですが、厳密には「ちょうふ」と読むのだそうです。

「瑕疵」「過失相殺」「賃貸借契約」「非嫡出子」などの法律用語も、読めなくても意味がわかるということで済ましてしまいがちなものでしょう。念のため、読み方を示すと「瑕疵《かし》」「過失相殺《かしつそうさい》」「賃貸借契約《ちんたいしゃくけいやく》」「非嫡出子《ひちゃくしゅつし》」となります。「責を負う」「遺言と遺留分」の「責」や「遺言」も、法律用語としては「せめ」「いごん」ですが、読み方など気にせずに済ませてしまっていることも多いでしょう。

こうして考えると、読み手はつねに文字を音に置き換えて読んでいるわけではないということがわかります。音がわからなくても意味がわかれば適当に済ませ、それで何とかなっているというのが私たちの言語生活の実態です。

そうはいっても、音にしなければ、意味やイメージが伝わらないことがあります。次の文章を音読してみてください。

師走に入って残業が増え、日々の生活がとたんに忙しくなった。それにつれて心も荒みはじめ、立てなおす術を失っていった。そんなある日、西の空をふと見やると、富士山が夕日に栄え、美しい姿を見せていた。それを眺めているうちに、汚れた心も清められ、来る新年も清々しい気持ちで迎えられそうな気がしてきた。

同じ文章にいくつかふりがなを振りました。同じように音読してください。

師走《しわす》に入って残業が増え、日々の生活がとたんに忙《せわ》しくなった。それにつれて心も荒《すさ》みはじめ、立てなおす術《すべ》を失っていった。そんなある日、西の空をふと見やると、富士山が夕日に栄《は》え、美《うるわ》しい姿を見せていた。それを眺めているうちに、汚《けが》れた心も清《きよ》められ、来《きた》る新年も清々《すがすが》しい気持ちで迎えられそうな気がしてきた。

最初に読んだイメージと変わり、文章の息づかいまで読みとれたのではないでしょうか。
「忙しい」は「いそがしい」ではなく「せわしい」、「術」は「じゅつ」ではなく「すべ」、「栄え」は「さかえ」ではなく「はえ」、「美しい」は「うつくしい」ではなく「うるわしい」、「汚れた」は「よごれた」ではなく「けがれた」、「来る」は「くる」ではなく「きたる」と読むようになっていたからです。**音が理解を深める効用もある**のです。

かつて、国会の答弁などで漢字が読めず、注目を浴びた首相がいました。そして、そのことを嘲笑する議論がちまたに溢れましたが、私自身はそのことをむしろ気の毒に思いました。真の問題は元首相個人にあるというよりも、むしろ一国の首相でさえ読み誤るような複雑な表記体系を持つ日本語自体にあると考えたからです。

しかし、公式の場でスピーチするときは、あらかじめ音読して練習したうえで臨むのが基本です。**音読したほうが、内容も頭に入るし、言葉に説得力が生まれる**からです。

次の文章を公式の場でスピーチするように音読してください。

A国政府としては、未曾有の景気の低迷により経営の危機にさらされている中小企業の破綻を避けるために、あらゆる措置を講ずることが焦眉の急である。そのためには、関係各位の協力のもと、前例の有無も含めて詰め、対策を詳細に検討してもらいたい。

比較的読み方が難しい漢字の読み方を以下に示します。なお、（　）内は、元首相が実際に読み間違えたとされる読み方です。「未曾有」は「みぞう（みぞうゆう）」、低迷は「ていめい（ていまい）」、「破綻」は「はたん（はじょう）」、「措置」は「そち（しょちこ」、「焦眉」は「しょうび（しゅうび）」、「有無」は「うむ（ゆうむ）」、『詰め」は「つめ（つめめ）」、「詳細」は「しょうさい（ようさい）」です。

語の意味は、話し言葉では音によって、書き言葉では文字によってつなぎ止められています。しかし、音と意味の結びつきと、文字と意味の結びつきを別々に考えると、それだけ理解が不安定になります。**音と意味の結びつきをベースにして、そこに文字を重ねたほうが語の意味はしっかり理解できる**のです。たとえば、「はたん」という言葉は、耳で聞けば確実に理解できる語です。「金融機関のはたん」などの形でニュースによく出てくるからです。ですから、音として知っている言葉に「破綻」という漢字を重ねれば、読み誤ることはありません。音と文字を別々に考えて処理するから、理解の不安定さが露呈してしまうのです。こうした読み誤りを防ぐ適切なトレーニングは、文章を書くことです。文章は、語の意味・音・文字のトライアングルが頭のなかにできていなければ書けないものだからです。

昨今の政治状況に不安を覚えるとするならば、それは、自分の言葉で文章を書いた経験がほとんどないと見こまれる人物でも日本のトップに立ちうるという厳しい現実にあります。

換言と要約

書かれている内容を充分に理解し、自分のものにするのに長《た》けた人がいます。そうした人を観察していると、書いてある内容を原文の表現のまま理解するのではなく、それを意味として理解し、自分の使い慣れた言葉に置き換えて記憶していることが多いことがわかります。

次の文章は新聞のコラムです（「天声人語」『朝日新聞』二〇〇七年一〇月一三日朝刊）。

この文章を、誰かが実際に話しているように書きかえなさいという課題を、私の担当する授業で出したことがあります。

> 芭蕉の研究などで知られた国文学者の井本農一さんが、兄弟の名前について書いている。農業をさせたかったのか長男を農一と名付けた父親は、弟には工次、その下には商三という名前をつけたそうだ。
>
> だが井本さんは、長じて文学の道へ進む。工次さんは工業をやらずに農学部へ。商三さんの方が工学部を出て技術屋になった。〈父のもくろみは見事に外れてしまったわけである〉と、微苦笑のにじむ筆致でつづっている。
>
> 親が子の名に込める思いは、時をへても変わらない。近ごろは〝個性派〟が、はやっ

ているようだ。ただし、読みづらい。「雪月花」「美星空」「騎士」といった字面だけでは、見当もつかない。「せしる」「うらら」、それに「ないと」と読むそうだ。出産を控えた女性向けの雑誌には、同様の名前が数多く紹介されている。

女児の名の「〃子〃離れ」が言われて久しい。このごろは男児の斬新さにも目を見張る。漢字の意味は美しく、音の響きは滑らかに。「名は体を表す」を願っての、一生ものの贈り物である。唯一無二のものに、という思いが親に強いらしい。

名前はしかし、珍しいからと秘蔵はできない。自分のものでありながら公に供し、他人も使う。〃個性〃が強すぎると他人の使い勝手は悪くなりがちだ。

娘たちに茉莉《まり》、杏奴《あんぬ》と洒落《しゃれ》た名をつけたのは森鷗外だ。片や夏目漱石は筆子、恒子…と並べた。問われれば漱石をひいきにしつつ、いまの親のセンスに、わが古さを思う。どの子も贈り物が気に入るように、祈りながら。

すると、早稲田大学のある学生さんは、横浜の女子高生をイメージして次のような文章を書きました。

ねね、子供ができたらさぁ、何て名前がいいと思う？　ほら、うちらももう結婚できる年になったしー、こういうのも考えとかなきゃ？　みたいな。

そいえばね、これ、読める？　最近雑誌で見たんだけどー。え？　「雪月花《せつげつか》」？　まんまじゃん！　これね、「せしる」って読むんだって！　マジよめねーべー。えーじゃあー第2問!!　これは？　……あはは、「美星空《ひばり》」って！　美空しか見てなくね？　これはね、「うらら」!!　次は次は？　これは行けんべ。そうそう「騎士《ないと》」!!　最近こんな不思議系な名前流行っているらしいよ。個性派っての？　あたしみたいな「子」のつくなまえはすくなくなってさぁ、男の方もキラキラ系の名前が多いんだってー。うちらマジ時代遅れ丸出しなんだけどー!!

でも、名前って大事じゃない？　漢字だけよくてもダメだし、ひびきだけよくてもだし、おじいちゃんおばあちゃんになっても使うんだからよく考えないとだよねえ。親がさ、勝手に「こうなってほしいー！」でつけちゃって、合わない人生だったらマジ親KYだし。前きいたんだけどさ、長男に農業一番で農一、次男に工業はその次で工次、三男に商業は三番目だから商三って名前つけた人がいたんだって。でも超ウケるのが、農一さんは文学やっちゃって、工次さんは農業で、商三さんは工業に行っちゃったんだって！　商業どこ行ったんだっつーの!!　アハハハハハハ……マジ空気読めっての、子供のほうも。でも、人生名前で決められちゃうのもあれだよね。

あと、なんだっけ、小説家。あ、森鷗外？　の娘がね、茉莉とか杏奴とか言うんだってー。……そうそうマリとか、アンヌとか！　外国っぽい名前なの。でも夏目漱石は筆子とか恒子とかつけたんだって。ほら、うちら、「子」系じゃん？　どちらかっていうと、漱石っぽいのかなぁ。

なんかむずいね、名前つけるって。個性的すぎるとほかの人呼びにくくなっちゃうし、でも、いい名前つけたいし。多分さぁ、名前ってプレゼントみたいなモンなんじゃないかなあ。子供のこととか、思いやってつけたげたいよねえ、名前。


原文の内容を保持しつつも、同じ文章とは思えないほど雰囲気は変わっています。今どきの女子高生の話し声が耳に蘇るように書かれており、見事な換骨奪胎《かんこつだったい》です。

もちろん、記憶のさいには、ここまで大胆に言い換えることはしません。ただ、**記憶しようとするときには、表面的な言い回しに引きずられず、原文が何を言おうとしているか、その内容を考えて、内容を自分の言葉にして保持する**ほうが賢明です。

表現を憶えることは他者の言葉で憶えることなのにたいし、内容を憶えることは自己の言葉で憶えることです。記憶は自分の頭に定着させる行為です。自分の頭のなかにはすでに記憶のネットワークができているわけですから、文章の内容を自分の言葉でそのネットワークにつなぎ止めたほうが安定的に保たれます。

原文の内容を記憶に留めようとするとき、要約はよいトレーニングになります。読み手が文章をとおして得る情報は、文章のエッセンスという形を取ります。読者が本書を読みおえたあと、その内容を細部に至るまで一週間頭のなかに保持することは困難でしょう。本音を言えば、筆者の私でも困難です。一年経ったら、おそらく速読、味読、精読という三つの枠組みと、その下にある八つのストラテジーまでしか憶えていないと思います。

けれども、それでよいのです。**書き手の言いたいことと文章のアウトラインさえ憶えていれば、その内容は確実に再現できます。**細かい内容は、そのときの状況におうじて自分の知識のなかから適当に肉づけし、その場で補って説明すればよいのです。

それでは、要約の訓練として、先ほどの「天声人語」を要約してみましょう。文章を読んで重要だと感じられる文は、どの文でしょうか。

①「親が子の名に込める思いは、時をへても変わらない」、②「近ごろは〝個性派〟が、

はやっているようだ」、③「〝個性〟が強すぎると他人の使い勝手は悪くなりがちだ。」の三つでしょう。三つの文をつなげると、「親が子の名に込める思いは、時をへても変わらない」もので、「近ごろは〝個性派〟が、はやっているようだ」が、「〝個性〟が強すぎると他人の使い勝手は悪くなりがちだ。」と、簡単な要約が完成するからです。

そして、①の「親が子の名に込める思い」として「農一」「工次」「商三」という井本三兄弟の例が、②の「個性派」の例として「雪月花」「美星空」「騎士」という女性向け雑誌の例が、③の「他人の使い勝手」の例として「茉莉」「杏奴」という森鷗外の例と、「筆子」「恒子」という夏目漱石の例がそれぞれ挙がっています。

このように文章を再構成してしまえば、文章の流れが整理されて頭に入り、その内容を人に伝えるときも、ぐっと伝わりやすくなります。次の文章は、再構成した内容を生かして原文を三分の一程度に圧縮した例です。

父親が子どもの将来を願って「農一」「工次」「商三」とつけた井本家の息子たちは、結果的にみな名前とは違う道に進んだが、親が子の名に込めるこうした思いは、時を経ても変わらない。出産・育児雑誌を見ると、近ごろは「雪月花《せしる》」「美星空《うらら》」「騎士《ないと》」のような個性的な名前が流行っているようだ。しかし、個性が強すぎると他人の使い勝手は悪くなりがちだ。鷗外の「茉莉《まり》」「杏奴《あんぬ》」のような今風のしゃれた名前もよいが、漱石の「筆子」「恒子」の伝統的なセンスも捨てがたいのではないか。

文章との対話

第六章「予測ストラテジー」でも述べたように、文章理解は、文章を介した書き手と読み手の対話です。しかし、対話といっても、書き手と読み手が直接対話をするわけではありません。読み手のがわから見た場合、書いてある内容に疑問を抱き、その答えに書き手がどのような解答を用意しているか文章そのものから推察し、その疑問に自ら答えるわけです。対話といってもつねに自問自答です（長田一九九八）。しかし、自問自答の対話のプロセスを経ることで、**文章の読み方が能動的になると同時に書き手の意図が浮き彫りになり、内容をはっきり記憶できるようになります。**

ここでは、書いてある一文一文の内容に反応し、感想を述べるという方法を検討します。野沢和弘「なぜ学ぶのか」（『毎日新聞』二〇〇五年四月三〇日朝刊）からの引用です。

「①まだ人生のわからん大学生が司法試験を通る方がおかしい。②つらいことや悔しいことをたくさん経験して勉強すると、あっという間に合格する。③学ぶ意味がわかると勉強は身につく」。④故長谷川泰造弁護士にそう言われたことがある。⑤障害者の権利擁護の草分けで、型破りな言動で知られる弁護士だった。

⑥その彼の弟子で30歳を過ぎてから司法試験に合格した女性がいた。⑦裁判官の夫との間に生まれた一人息子には自閉症という障害があり、口には言えない苦労をしてきたらしい。

⑧弁護士になってからは、憑《つ》かれたような仕事ぶりが印象的だった。⑨近づくとやけどしそうな激しさで、周囲の人々と衝突するのを何度も目撃した。⑩私も何度かぶつかったことがある。

⑪3年前の冬の午後、その彼女から電話があった。⑫「がんであと1年の命と医者から宣告された」という。⑬受話器の向こうで幼い声が聞こえた。

⑭「同情はやめてね」。⑮数日後、新宿の古い喫茶店で会うと、いきなり言われた。⑯せき込みながら、若いころの思い出、残された時間にやろうと思っていることを話してくれた。⑰悲しみも絶望も微笑の下に完ぺきに封じ込めてしゃべりまくる。⑱一秒も

無駄にしない、と決意したかのような勢いに圧倒された。

⑲主婦から弁護士に転じてわずか数年、目がくらむような光を放って燃え尽きた彼女の仕事の痕跡がまだ生々しく私の周囲にある。⑳最近、子供たちの学力が話題になるが、そんなに焦ることはない。㉑彼女には縁の薄かった「時間」というものが、子供たちの未来には途方もなくある。

考えられそうな反応を順に挙げていきます。反応は読み手によってさまざまですので、ここでの反応は一つの例だと考えてください。

①「まだ人生のわからん大学生が司法試験を通る方がおかしい。大胆な意見だな。若くて記憶力に長けている大学生のほうが有利だと思うけどなあ。

②つらいことや悔しいことをたくさん経験して勉強すると、あっという間に合格する。そうかな。人生経験がバネになることは、たしかにあるかもしれないけどなあ。

③学ぶ意味がわかると勉強は身につく」。半信半疑だけど、もしそうなら、机上の勉強一本槍という司法試験の印象が変わるなあ。

④故長谷川泰造弁護士にそう言われたことがある。
亡くなった弁護士の言葉だったのか。こんな大胆なことを言う弁護士は、いったいどんな人だったのかな。
⑤障害者の権利擁護の草分けで、型破りな言動で知られる弁護士だった。
たしかに型破りな言動だな。社会正義のために戦う人権派弁護士だったのだろうな。
⑥その彼の弟子で30歳を過ぎてから司法試験に合格した女性がいた。
きっと、冒頭にあった豊かな人生経験を生かして合格した人だな。どんな人なのだろう。やはり型破りな言動をする人なのかな。
⑦裁判官の夫との間に生まれた一人息子には自閉症という障害があり、口には言えない苦労をしてきたらしい。
長谷川弁護士が言う「学ぶ意味がわかると勉強は身につく」典型のような人だったのだろうな。「口には言えない苦労」というのはどんな苦労だったのかな。
⑧弁護士になってからは、憑かれたような仕事ぶりが印象的だった。
なぜそこまで仕事に打ちこむのだろう。背景に「口には言えない苦労」があるのかな。
⑨近づくとやけどしそうな激しさで、周囲の人々と衝突するのを何度も目撃した。

なぜそこまで熱くなるのだろう。なぜ周囲の人々と衝突したのだろう。弱い立場にある原告を、自閉症の息子さんに重ねて戦う弁護士だったのかな。
⑩私も何度かぶつかったことがある。
何が原因でぶつかったのだろう。そもそも記者である「私」とその弁護士との関係はどうなっているのかな。
⑪3年前の冬の午後、その彼女から電話があった。
その電話の内容は何なのだろう。⑩の「ぶつかったこと」の一つなのかな。
⑫「がんであと1年の命と医者から宣告された」という。
「ぶつかったこと」ではなかったのか。まだ若い方だろうにショックだっただろうな。
これまで彼女のことが過去形で語られてきたのはこうした事情があったからなのか。
⑬受話器の向こうで幼い声が聞こえた。
自閉症の息子さんの声なのだろうか。幼いお子さんを抱えてお気の毒になあ。
⑭「同情はやめてね」。
こちらの心理を見透かしたようなドキッとする一言だな。書き手の記者も同じ気持ちだっただろうな。

⑮数日後、新宿の古い喫茶店で会うと、いきなり言われた。
気丈な人だったのだな。喫茶店で私的な話を聞く間柄だから二人は友人関係かな。
⑯せき込みながら、若いころの思い出、残された時間にやろうと思っていることを話してくれた。
「せき込みながら」だからやはり体調が悪かったのかな。「若いころの思い出」「残された時間にやろうと思っていること」の具体的な内容はいったい何なのかな。
⑰悲しみも絶望も微笑の下に完ぺきに封じ込めてしゃべりまくる。
具体的な内容は個人情報だから明かさないのかな。それにしても、鬼気迫る光景だな。
⑱一秒も無駄にしない、と決意したかのような勢いに圧倒された。
死を前にしても前向きな姿勢に変わりはない。ほんとうに意志の強い人なのだな。
⑲主婦から弁護士に転じてわずか数年、目がくらむような光を放って燃え尽きた彼女の仕事の痕跡がまだ生々しく私の周囲にある。
やはり亡くなっていたのか。お気の毒に。「目がくらむような光を放って燃え尽きた彼女の仕事の痕跡」の内容はわからないけど、「生々しく私の周囲にある」というのは、二人の関係が近く、記者も彼女の死から立ち直っていないことを示唆しているのかな。

⑳最近、子供たちの学力が話題になるが、そんなに焦ることはない。ここへ来て話題が急に飛ぶのか。書き手はこの話題の転換で何を言いたいのかかな。
㉑彼女には縁の薄かった「時間」というものが、子供たちの未来には途方もなくある。そうか。そこに落としたかったのか。「まだ人生のわからん」状況で詰めこまれるよりも、「学ぶ意味がわか」った段階で勉強を始めたほうがたしかに身につくものだろうな。

書き手である記者に視点（ときには注視点、ときには視座）を置き、感情移入をしたところもあります。予測を用いて内容を精緻化したところもあります。行間に橋を渡す推論をしたところもあります。書き手の意図を汲もうと解釈を施したところもあります。いずれも、文章との対話を試みた結果現れたものです。

このように、これまで各章で見てきた多様なストラテジーを総合的に組み合わせ、文章への能動的働きかけを強めると、書き手の意図が次第に明瞭に見えてきます。それとともに、文章の内容が自然に記憶に定着し、書き手自身の評価と絡まりあうことで忘れにくくなるのです。つまり、**記憶ストラテジーは、多様なストラテジーを駆使して推論を働かせ、脳内の既有のスキーマと文章の内容を関連づけることで、文章の内容を記憶につなぎ止める方法**なのです。

◎「記憶ストラテジー」のポイント

文章に書かれた情報を頭にしっかりと定着させるには、次のことを意識する。

①くり返し読んで文章の構造を徐々に把握し、そこからトップダウン処理で内容を整理する。

②音読によって、文字と意味のつながりだけでなく、音と意味のつながりにも注意を払う。

③表面的な言い回しに引きずられず、原文の内容を自分の言葉に置き換えて理解する。

④要約によって、書き手の言いたいことと文章のアウトラインを押さえる。

⑤文章との対話を心がけ、多様なストラテジーを用いて文章を能動的に理解する。

【主要参考文献】（書籍を中心に、本書で引用したもの、代表的なものを掲載しました）

石黒圭（二〇〇八）『日本語の文章理解過程における予測の型と機能』ひつじ書房

大村彰道監修（二〇〇一）『文章理解の心理学　認知、発達、教育の広がりの中で』北大路書房

門田修平・野呂忠司編（二〇〇一）『英語リーディングの認知メカニズム』くろしお出版

樺島忠夫・寿岳章子（一九六五）『文体の科学』綜芸舎

塚田泰彦（二〇〇一）『語彙力と読書―マッピングが生きる読みの世界―』東洋館出版社

天満美智子（一九八九）『英文読解のストラテジー』大修館書店

長田久男（一九九八）『文章を読む行為の研究』渓水社

西林克彦（二〇〇五）『わかったつもり　読解力がつかない本当の原因』光文社新書

宮崎清孝・上野直樹（一九八五）『認知科学選書一　視点』東京大学出版会

Bartlett, F. C. (1932). *Remembering: An experimental and social study.* Cambridge: Cambridge University Press. (reissued. 1995).（宇津木保・辻正三訳（１９８３）『想起の心理学 実験的社会的心理学における一研究』誠信書房）

Carrell, P. L. (1987). Content and formal schemata in ESL reading. *TESOL Quarterly*, 21-3, pp. 461-481.

Kintsch, W. (1998). *Comprehension: A paradigm for cognition*. Cambridge: Cambridge University Press.

Graesser, A. C. (2007). An introduction to strategic reading comprehension. In McNamara, D. S. (Ed.), *Reading comprehension strategies: Theories, interventions, and technologies*. New York: Lawrence Erlbaum Associates. pp. 3-26.

Minsky, M. (1985). *Society of mind*. New York: Simon & Schuster Inc. (安西祐一郎訳 (一九九〇)『心の社会』産業図書)

Rumelhart, D. E. (1975). Notes on schema for stories. In D. G. Bobrow & A. Collins (Eds.), *Representation and understanding: Studies in cognitive science*. New York: Academic Press. pp. 211-236. (淵一博監訳 (一九七八)『人工知能の基礎—知識の表現と理解—』近代科学社)

Schank, R. C. (1991). *Tell Me a Story: A New Look at Real and Artificial Memory*. New York: Charles Scribner's Sons. (長尾確・長尾加寿恵訳 (一九九六)『人はなぜ話すのか—知能と記憶のメカニズム』白揚社)

Smith, F. (1971, 1st ed.), (2004, 6th ed). *Understanding reading*. New York: Holt, Rinehart & Winston.

おわりに

本書をお読みになった方はおわかりだと思いますが、本書は、読書という行為を枠にはめるためではなく、枠を外すために書かれた本です。本書を貫く柱は、「書かれた言葉は理解のためのヒントに過ぎず、答えは私たちの頭のなかにある」という発想です。文章はどのように読んでもよいのです。

しかし、読書は自由だと言われると、かえってどう読んでよいのか途方に暮れてしまいます。私たちは自分が無意識のうちに身につけてしまった読書の習慣から逃れられないからです。本書は、化石化してしまった読みに揺さぶりをかけ、新たな読みを自分で開発できる力をつけるために、可能なかぎり多様な読み方を紹介するように心がけました。

具体的には、読書の方法を「速読」「味読」「精読」の三つに分けて整理し、それぞれの方法に合わせた八つの読書の戦略を読解ストラテジーとして提示しました。

「速読」のためのストラテジーは二つです。第三章と第四章で、トップダウン処理を利用した、迅速かつ的確に読むための方法について考察しました。第三章では私たちの頭のなかにある知識の枠であるスキーマを利用した「話題ストラテジー」を、第四章では重要そうな情報だけを選択してつないでいく「取捨選択ストラテジー」を紹介しました。

「味読」のためのストラテジーは三つです。第五章～第七章で、読み手が文章世界に自然に入りこむ方法について考察しました。第五章では視点を用いて文字から映像を喚起する「視覚化ストラテジー」を、第六章では次の展開を予測し理解を円滑にする「予測ストラテジー」を、第七章では文脈の力で文章に一貫性を与える「文脈ストラテジー」を紹介しました。

「精読」のためのストラテジーは三つです。第八章～第十章で、読んだ内容を咀嚼《そしやく》し、それを創造的な活動に結びつける方法について考察しました。第八章では行間の空白に意味を読みこむ「行間ストラテジー」を、第九章では文章に新たな価値を付与する「解釈ストラテジー」を、第十章では内容を頭にしっかり定着させる「記憶ストラテジー」を紹介しました。

読解ストラテジーというのは学問的に確立された方法ではなく、読み手の個性に合わせて自由に開発できる融通無碍《ゆうずうむげ》なものです。本書に示した読解ストラテジーをヒントに、読者お一人おひとりが、自身の必要性にかなったカスタム・メイドのストラテジーを開発されることを心から願っています。

本書の原稿は、今村和宏さん（一橋大学）と高橋淑郎さん（ミュンヘン大学）に目を通していただき、さまざまな角度からコメントをいただきました。また、編集作業は、前著『文章は接続詞で決まる』と同様、光文社新書編集部の森岡純一さん、草薙麻友子さんのお手を煩《わずら》わせました。本書が読みやすくなっているとすれば、これらの方々のおかげです。

最後に、「読む」技術という一般的な内容に関心を持ち、手に取ってくださった読者のみなさまに感謝をしつつ、稿を閉じることにします。ありがとうございました。

二〇一〇年二月　ＳＤＧ

石黒　圭

石黒圭（いしぐろけい）

1969年大阪府生まれ。神奈川県出身。国立国語研究所研究系日本語教育研究領域代表・教授、一橋大学大学院言語社会研究科連携教授。一橋大学社会学部卒業。早稲田大学大学院文学研究科博士後期課程修了。博士（文学）。専門は文章論。著書に『文章は接続詞で決まる』『日本語は「空気」が決める』『語彙力を鍛える』（以上、光文社新書）、『よくわかる文章表現の技術Ⅰ［新版］―表現・表記編―』『同Ⅱ［新版］―文章構成編―』『同Ⅲ―文法編―』『同Ⅳ―発想編―』『同Ⅴ―文体編―』（以上、明治書院）、『「予測」で読解に強くなる！』（ちくまプリマー新書）、『この１冊できちんと書ける！ 論文・レポートの基本』（日本実業出版社）など多数。

「読《よ》む」技術《ぎじゅつ》　速読《そくどく》・精読《せいどく》・味読《みどく》の力《ちから》をつける

2010年3月20日初版1刷発行
2020年6月30日　5刷発行

著者――石黒　圭
発行者――田邉浩司
装幀――アラン・チャン
印刷所――萩原印刷
製本所――国宝社
発行所――株式会社光文社
東京都文京区音羽1-16-6（〒112-8011）
https://www.kobunsha.com/
電話――編集部03(5395)8289　書籍販売部03(5395)8116
業務部03(5395)8125
メール――sinsyo@kobunsha.com

光文社新書

319 『カラマーゾフの兄弟』続編を空想する　亀山郁夫

世界最大の文学は未完だった。もし「第二の小説」がありえたら、ドストエフスキーは何をそこに描いたか？　作家の精神と思想をたどり、空想する、新しい文学の試みである。

329 謎とき　村上春樹　石原千秋

主人公の「僕」たちは、何を探し続けているのか――。小説に隠された「謎」を追い、ムラカミ作品の新しい魅力を探る。『ノルウェイの森』他4作の画期的読み方。

352 訓読みのはなし　漢字文化圏の中の日本語　笹原宏之

「戦く」から「お腹」「凹む」、さらに「GW」や、絵文字まで全て「訓読み」が可能。かくも幅広い訓読みの世界を具体例とともに見てゆき、日本語の面白さを「再発見」する。

370 文章は接続詞で決まる　石黒圭

「読む人にわかりやすく印象に残る文章を書くために、プロの作家はまず、接続詞から考えます」。ふだん何気なく使っている接続詞の具体的な役割を知り、効果的に使う技術を磨く。

395 地団駄は島根で踏め　行って・見て・触れる《語源の旅》　わぐりたかし

日本語は現場で起きている――言葉が生まれた土地におもむいて、探偵気分で語源の謎を調査・推理・解決!?　いざ、うんちくや雑学でおわらせない、日本語の奥深さにふれる旅へ。

415 バカ丁寧化する日本語　敬語コミュニケーションの行方　野口恵子

「〜させていただく」という言葉に象徴されるように、現在、日本語の丁寧化という波が押し寄せている。〝おかしな日本語〟を観察しながら、コミュニケーションのあり方を考える。

422 名作の書き出し　漱石から春樹まで　石原千秋

優れた小説の書き出しは、不穏で、美しく、なんか変だ。それぞれの時代を代表する15編の小説の書き出しに秘められた意味を読み解く。小説を、自由に楽しむための読書案内。